歴史文化ライブラリー

17

悪党の世紀

新井孝重

吉川弘文館

目次

悪党の出現

それは正安・乾元のころ（一二九九〜一三〇二）から、目にあまり耳に聞こえるようになりました。そのものどもは所々の乱妨・浦々の海賊・寄取《よせとり》・強盗・山賊・追落《おいおとし》などやすむことのないありさまで、その異類異形のありさまといったら、およそ人間のすがたとも思えません。柿色の帷子《かたびら》に女物の六方笠を着け、烏帽子《えぼし》・袴《はかま》を着けることはしない、人には顔をあわすことをせず、目立たぬように小さくなっている風情です。持ち物といったら、不揃いの竹矢籠《たかしこ》を負い、柄《つか》・鞘のはげた太刀を佩《は》き、竹ナカヱ・サイハウ杖ていどで、鎧・腹巻ほどの兵具なぞはまったくありません。こうした輩が十人・二十人あるいは城にこもり寄手に加わり、かとおもえば敵を引き入れ裏切りをもっぱらにする始末で、約束などはものともしません。博打《ばくち》・博奕《ばくえき》を好み、忍びのこそどろを業としています。

（中略）

正中・嘉暦のころ（一三二四～二八）になると、そのものどもの振る舞いは先年よりずっと目立ってきて、世間の耳目を驚かすようになりました。立派な馬に乗り連なって五十騎・百騎とつづく。引馬の馬具・唐櫃《からびつ》・弓箭《ゆみや》・兵具などには金銀をちりばめ、着ている鎧・腹巻はぴかぴか輝くばかりです。さて彼らは論所（係争地）ではないが、もとの持ち主の味方であるなどと言って、あちこちを押領しています。また、党を結んで一味の契約をしたものどもが、城を落とし、あるいは別の城を構えています。軍陣作法にのっとった塀をつくり、矢倉をかき、ハシリをつかい、飛礫《つぶて》をなげ、ものみ櫓《やぐら》をたて、いろいろな種類の楯をならべ皮をしくなど種々の用意をしています。

こういう連中の多くは但馬・丹波・因幡・伯耆からやってきたのであって、かねてからの約束の賄賂《まいない》を山コシと称し、将来の嘱託を契約といっています。いまやそのものどもは人目をはばかり恥じ恐れる様子などはさらにない。それどころか警護の守護、追罰の武士がその連中をおそれ憚《はばか》っている状態であるから、追捕《ついぶ》・狼藉《ろうぜき》・苅田・苅畠・打入・奪取などしほうだいで、結局はのこる荘園もあるとは思えないありさまです。

みんなが賄賂や勇威のために幕府の下知を実行しません。御教書は役にたたなくなってしまいました。そんな具合だから国中の上下過半はあのものたちに同意してしまい、正直で真面目な輩は耳を押さえ目をふさいて日を送るうちに、はたして元弘の大事件が勃発したのでした。これすべては幕府の失政によるのです。（『峯相記《みねあいき》』）

これは播磨国にあらわれた悪党の生態である。悪党は都市や農村を問わず、鎌倉時代末期に特有の人間としてたちあらわれた。が、かれらの実態は古文書からはなかなかはっきりしないのが実状である。だからかれらのすがたがこれだけ生き生きと描かれているということは、悪党なる者たちを考えるうえで貴重な情報というべきである。しかもここに描かれた悪党の風貌は、播磨国にかぎったものではなく、おそらく畿内とその近国であればどこにでも見られたのである。

それにしても、こうした風変わりな人びとは、どこからあらわれたのだろうか。『峯相記』では山陰道の諸国からやってきたとあるのだが、もちろんそのような回答を想定していっているのではない。どのような社会の環境と歴史の条件のなかからあらわれてきたのだろうかということである。これはすでに明らかなことのようでいて、本当はまだ分かっていないことがたくさんある。そもそも、中世の時代には悪党の「悪」がどういう意味で

盗みにはげむ悪党（『地蔵菩薩霊験記』）

男たちはターバンのように布を頭に巻きつけたり、鼎のような物をさかさにして、かぶったりしている。太刀・長刀を片手ににぎりもったまま、衣類や諸道具を担いで家からでてきた。手前の男ははずれた戸板に足をすべらせたか、仰向けになって尻餅をついている。その拍子に盗みだした品が散乱する。褌（ふんどし）をつけぬ下半身からは、前の物がまるだしだ。どこかユーモラスで不思議な風体の者たちである。

使われていたのかも、いまだ判然としていないぐらいであるから、まして彼らのルーツをさぐるとなると、視点によって議論百出・諸説紛々とならざるをえない。

そんなことなので悪党の出現について、いきなり結論めいたことを論じるのは、まだその段階ではないようである。ここでは史料にみえる「悪党」を、かれらの生活の場から切り離して議論するのではなく、反対に生活の現場に密着させたまま、観察することにつとめたい。一個の荘園という小さな世界の、そこにくりひろげられる人間の生活をとおして、悪党の実態にせまることは依然として重要なことである。小泉宜右氏が黒田悪党を東大寺荘園を丹念に腑分《ふわけ》しながら明らかにされた仕事と、その姿勢をまなびたい。

しかし悪党をひろく社会の現象とみた場合、荘園の制度論のなかにおさまりきらないことも事実である。それぞれの世界の制度からはみだして、ひろい別の世界をつくっていたとしたら、つかまえる方もひろい網をはらなければならない。また制度の枠に敵対するのが悪党だといっても、それが人びとの意識のなかでどう映っていたかをのぞき見ないことには、ひろく民衆の側にとっての悪党はみえてこない。そこで興味がひかれるのは、民衆世界のなかで「悪」はいったいどんなかたちで意識されていたのかということである。「悪」の意識を解く鍵としては、やはり武力の問題を考える必要がある。およそ武力をもたない悪党は存在しないし、その武力と「悪」とが無関係であるとは思えないからである。武力がせきをきって噴き出したのが「元弘《げんこう》の大事件」(鎌倉討幕の内戦)であり、それからつづく南北朝の内乱である。この国内戦争は悪党の社会現象がひろく背景となって、勃《ぼっ》発《ぱつ》している点で悪党の世紀をそのままあらわしていた。戦争に日をおくる兵たちの生活を千早《ちはや》城の楠木正成《くすのきまさしげ》の軍や、東海道を西へすすむ奥州軍、あるいは笠置山の崖をのぼる武士たちからながめたい。このほか悪党の美意識としてバサラについても、やはり注目しなければならない。

こうして悪党の像が多少なりとも得られるならば、そこから悪党*が日本の民衆の歴史に、どんな意味をもっていたのか、見通し程度のものであれみえてくるだろう。

＊　悪党とは何かという問題は、実はことあたらしいものではなく、ずいぶんふるくからある。わが国の歴史学のなかで中心問題として取り扱われてきた分野である。というのは、悪党が古代国家の枠組みのなかから、あたらしい中世社会をつくりだす在地の封建領主で、かれらの歴史的な役割を究明することが、日本の封建社会の成立を解く鍵であると考えられたからである。石母田正氏の『中世的世界の形成』(伊藤書店・一九四六年、東京大学出版会・一九五七年、岩波書店・一九八五年)は、こうした角度から取り組んだ最初の業績で、戦後の中世歴史学はここからはじまったといっても過言ではない。

それだけに悪党の存在と意味は、ながいあいだ封建領主の運動のなかに位置づけられ、そして議論されてきた。① けれどもやがて、封建領主制の視角そのものが、社会の基盤を農業にしかみない歴史家の偏りであると批判されるにおよんで、悪党の像はこれまで注意されなかった農業民以外のところから光が当てられるようになった。非人・手工業民・芸能民、あるいは山の民・海の民が悪党と関連づけられ、注目されるようになった。網野善彦氏の旺盛な仕事が、悪党の研究のあたらしい地平を切り拓いたのである。②

なお前後するが、網野氏よりも前に、佐藤進一氏は、鎌倉権力の得宗家による専制化と、内乱期政治社会における悪党ないし悪党的な人間の行動を、いきいきと描き出した。佐藤氏の仕事は内乱論として独自の史風と特色をもち、いまだその魅力はまったく失われていない。③

さらに最近では悪党を、鎌倉時代の「徳政」という政治反動と切り結ぶものとして位置づけたり、④かれらの城郭をかまえる行為からその意味をさぐろうとする研究がある。⑤ 徳政との関係で悪党をみる方法は、異国襲来以後の国政の動向を射程にすえた政治史のなかに悪党をおくことを可能にした。

① 小泉宜右「伊賀国黒田庄の悪党」（稲垣泰彦・永原慶二編『中世の社会と経済』東京大学出版会、一九六二年）・『悪党』（教育社、一九八一年）。
永原慶二『日本封建社会論』（東京大学出版会、一九五五年）・『日本封建制成立過程の研究』（岩波書店、一九六一年）。

佐藤和彦『南北朝内乱』（小学館、一九七四年）・『南北朝内乱史論』（東京大学出版会、一九七九年）・『日本中世の内乱と民衆運動』（校倉書房、一九九六年）。

② 網野善彦『蒙古襲来』（小学館、一九七四年）・『日本中世の非農業民と天皇』（岩波書店、一九八四年）・『異形の王権』（平凡社、一九八六年）・『悪党と海賊――日本中世の社会と政治』（法政大学出版局、一九九五年）。

③ 佐藤進一「鎌倉幕府政治の専制化について」（『日本封建制成立の研究』吉川弘文館、一九五五年）・『南北朝の内乱』（中央公論社、一九六五年）。

④ 海津一朗『中世の変革と徳政』（吉川弘文館、一九九四年）。

⑤ 伊藤一美「鎌倉期における『城郭』と武装」（『城郭史研究』一五、一九九五年）。

大仏を領主にする村

出作する人びと

まばらに家が点在する村

伊賀国の名張《なばり》郡というところは、四方が山に囲まれた盆地である。その盆地のなかを、西南の方からは、大和国宇陀《うだ》郡の山谷から発した宇陀川が北へむかって流れ、東方からの名張川に合流してから大きくまがりくねっている。川はそれから、さらに北上して木津川につながる。奈良からそう遠くはないこの山あいの平野にひらけた村が、これから述べようとする悪党の舞台である。中世の悪党を語るには、まずこの舞台である村のことから説明する必要がある。

悪党はこの名張郡の荘園から発生した。荘園の名は黒田荘《くろだのしょう》。南都の東大寺が鎌倉時代に最大の財源としていた荘園である。この荘園はもともとは伊賀と大和の国境地帯にひろ

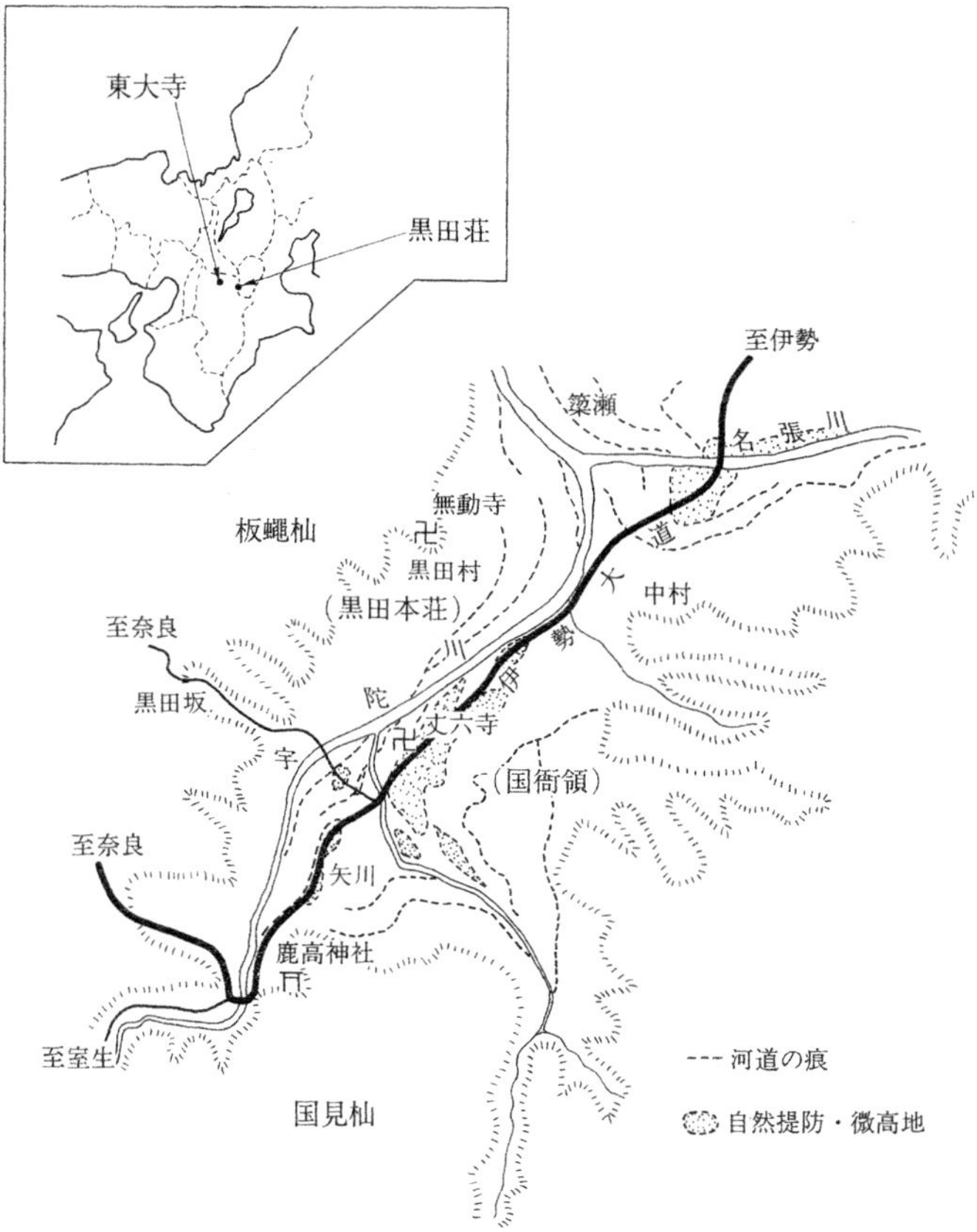
東大寺
黒田荘
至伊勢
簗瀬
名張川
無動寺
板蠅杣
黒田村
(黒田本荘)
中村
大道
伊勢
至奈良
宇陀川
黒田坂
丈六寺
(国衙領)
至奈良
矢川
鹿高神社
至室生
国見杣
河道の痕
自然提防・微高地

黒　田　荘　地　図

がる板蝿杣《いたばえのそま》から出発したのであって、平安時代のながきにわたる歴史は、宇陀・名張川の流域平野部を支配した国衙《こくが》（国司）とのたたかいに彩られていた。このたたかいをとおして名張の住民たちと東大寺は、独特の性質をおびた関係をかたちづくったのである。在地住民が悪党となってあらわれるのは、荘園草創期につくられたこの関係をめぐっての現象にほかならない。かれらはいつも荘園の成立とともにかたちづくられた関係の糸のなかにあらわれた。そして、糸そのものを破壊するかあるいは変質させて、荘園体制を弱めていったのである。

では荘園体制のなかにあって荘民と寺院本所のあいだにとり結ばれていた関係の糸はどのようなものであったのだろうか。このことを知るには、まず村落の存在のしかたから考えていく必要がある。黒田荘は本荘を根拠地とする杣工《そまく》たちが宇陀川をこえ、河東平野部（国衙領）を包摂することによって、大幅に荘域を拡大した荘園であった。杣の労働者が川をわたり東岸にあがったとき、そこには河道をかえ、氾濫をくりかえすなかでつくりだされた自然堤防が微高地となってひろがっていた。かれらははじめ、なるべく高燥なこれら自然堤防のうえに出小屋《でごや》・田屋という農業拠点をつくった。やがて常時住むようになると、そこは垣筋でかこまれた屋敷地の景観をみせるようになった。これらの屋敷地は、周囲の土地を近いところから順に開墾していくための中心拠点である。だからひとつひとつの屋敷地のあいだは互いに離れていなければならず、全体としてこの地域一帯は孤立した住居（屋敷地）がまばらに点在する散居村の景観をていしていた。

本荘の羈絆

互いに孤立した状態で点々と定着した出作民（旧杣労働者）は、出作地（旧国衙領）が一円の荘領になってからも、本荘につよく結びつけられていた。東大寺が名張一郡の寺領荘園化を成功させたときしたためた置文（承安五年〈一一七五〉）があるが、それをみると出作の公事《くじ》のことについて、「なおもとのごとく、本庄の催促にしたがって、勤仕せしむべし」と規定してあった（『伊賀国黒田荘史料』〈以下「史」と略す〉二・三二二）。このことは完成後の黒田荘の中心部である旧国衙領（矢川・中村・夏見・簗瀬《やなせ》）の土地が、かなりの部分本荘の名*に編成されていたことを意味している。こうした名の枠にはめこまれることによって河東にわたった人びとは、本荘からの規制をつよくうけていたのである。

* 鎌倉時代の黒田荘の内部構成をあらわすものとして「公事勤否名々注文」というのがある（『鎌倉遺文』〈以下「鎌」と略す〉二一・一六三八四）。稲葉伸道氏はこの注文にある名のうち、七個の名の土地が本荘・出作にまたがっていることを明らかにし、さらに注文にあげられた名はいずれも名主の

屋敷の所在によって黒田荘（本荘）分か大屋戸郷分に書きわけられ、それらの名の土地は出作に散在していたと考えられている。稲葉氏の見解によれば、河西にあった名が出作活動によって河東に拡大したものということになろうか（「鎌倉期の伊賀国黒田庄の一考察」『中世史研究』七、一九八二年）。

なぜ出作地帯が本荘の羈絆《きはん》のもとにおかれていたか、その理由を考えるうえでつぎのことがらは示唆的である。ひとつは東大寺系田堵《たと》（旧杣労働者）の出作が、国衙領住民を配下にくみこみながら進められていることである。この結果東大寺系田堵らは国衙領住民を「因縁《いんねん》」と号し、あるいは「所従《しょじゅう》」と称した。明らかにそこには、本荘からきた東大寺系田堵の圧倒的に優位な地位がみとめられる。これは東大寺系田堵が本荘に、農業の経営のための種子・農料・役畜などの豊富な資本力をもっていたためである。国衙の側から黒田荘の転覆をはかった名張郡の武士　源《みなもとのとしかた》　俊方が、出作の事実を否定するのに本荘に攻め込んだのは、この資本力を破壊するためであった。かれはそこの資財雑物をうばい、在家《ざいけ》（農業施設）に火をかけ、牛馬七疋《ひき》を焼き殺した。

東大寺系の田堵はときに本荘杣工の「膓々独身の在家」といわれるように（史二・二六八）、散居する国衙領においては独自の力をもちあわせていず、本荘の資本力につながってのみ優位な地位をもちえた。かれらが国衙に対抗して生産物を抑留するとき、いつも現地（河東）にとめおかずに本荘（河西）に運びこんだのも、本荘の分肢としてのかれらのありかたからすれば当然であった。黒田本荘の大宅子《おおやこ》明神が「当御庄の鎮守」といわれ、「諸郷の仰ぎ崇める社頭」であるのは、河東出作民のこうした存在が精神的なかたちで顕れでたものとみることができる（史二・三二九、鎌三一・二三四九八）。

ところで、黒田荘が河東の国衙領に拡張しえたのは、本荘からの出作によるばかりではなかった。国衙領にもとから暮らす公民の側からも、積極的に本荘に結びつこうとする運動が発生しており、それが国衙領の荘領化をうながしていたのである。東大寺系の田堵が国衙領住民（公民）を「因縁」「所従」として、おのれの経営にリンクさせることのできたのも、国衙領住民がそうされることを望んでいたからであった。やがてかれらはこうした動きをたちきって、領域的な支配下にとじこめようとする国衙の政策に抗し、直接に東大寺の保護の下にはいろうとする。こうしてこの山間の盆地住民たちは、続々と寄人《よりうど》・神人《じにん》となって東大寺につながっていった。

大仏の宝前に斧金をかける

黒田荘の百姓たちは公文《くもん》（荘園の役人）の非法五か条をかねてより訴えていたが、元久元年（一二〇四）九月、いまだ寺家の裁定が出ないのを怒って一通の申状をしたためた。公文の非法五か条というのがどういうものであったか、全体としては分からないが、それらのなかの随一が公文立用の名以外の百姓名にたいして、寺家に入れるべき巨多の重役・公事を差し押えたことであったことは確かである。で、百姓たちはこれまでの訴えを、かつがつ「寺家の公損」、あるいはまた「大仏の怨」にかかわるものであると強調した。

百姓たちは公文非法の未解決について、つぎのように訴えた。百姓が一座一味の起請《きしよう》をしているにもかかわらず、寺家がいまもって採決をさけているのは愁苦にたえない。公文が理をまげて「対決」をしたがっているのは、寺家のいだく「御不審」をごまかそうと考えているからだ、と。そしてこのようなことに対して、われわれは「神慮を憚《はばか》るばかりである」とおのれの拠り所である「神慮」を対置したのである。かれらは自分たちのことを、いつも大仏の「神慮」にかなう存在であると考えていたから、百姓名の重役・公事を差し押えて横領することによって独自の封建支配をおこなおうとする公文の存在は、当然「大仏の怨」でなければならなかった。かれらは訴えた。この「怨」を排除しないのであれば、「大仏の御前に烈参をくわだて、斧金《おのがね》をかけて暇《いとま》を申し、（荘園に）まかり下って各々先祖の畑をすて、おそらくは逃脱をくわだつべきなり」と。

さて、荘民が大仏の宝前に斧《おの》を懸け捨てるというのは、北伊賀の玉滝杣《たまたきのそま》（荘）の場合にもみられた。近江甲賀郡の信楽《しがらき》荘民が玉滝西境数十町をかすめとろうとし、荘内に侵入し数疋の馬をうばうほか、「未曾有の濫吹《らんすい》」狼藉《ろうぜき》をおこなったために、玉滝の荘民は大仏宝前に斧鐇《ふはん》を棄てた。この結果、恒例・臨時たえることのない寺役は、たちまち欠如したという。かれらはこの行動にでるまえ、「庄の解《げ》」というものを寺家に提出しているから、黒田荘の場合と同様にやはり一座一味の起請をたてて、寺家への訴訟をおこしていたにちがいない。その訴訟のための申状が「庄の解」なのである。こうしたことのうえに、斧の放擲《ほうてき》を位置づけてみると、この行動が一連する訴訟の一環であることが理解される。

荘民が斧を大仏宝前に懸け棄てるというのは、かつてかれらが板蝿杣あるいは玉滝杣の労働者であったことを表わしている。そしておそらく荘園の時代になっても、かれらの荘民としての身分は斧によって表現されていたのである。そう考えると、かれらの行動には斧を大仏に棄てることによって、おのれの荘民たる身分を返上しようとする意味が含まれていたということになる。つね日頃おのれを「大仏の奴婢《ぬひ》」と思い、なにごとにつけ「大仏八幡を憑《たの》みたてまつる」という意識が、かれらの身分意識の根底にくっついていながら、一方では寺家との交渉のかけひきに荘の身分意識がつかわれているのである。このことは荘民たちが、なによりも主体的に〝大仏〟に結びついていたことの表われである。

黒田荘が成立するためには、杣労働者・東大寺系田堵の出作と公民の寄人・神人化、そして東大寺がこれらを前提に国衙の支配権を獲得するだけでは不十分であった。この時期にすでにあらわれていた私領地に対する領主権を接収することが必要であったのである。国衙領の中心部の矢川・中村には、藤原実遠《さねとお》の経営が破綻したあと加地子《かじし》（地代）だけをとる個人の私領が存在していた。それらはさまざまの曲折をへて東大寺の高級門閥子院である東南院にはいることになる。東南院にはいると、寺家は「ほとんど他家の領となるべきのところ、たまたま文書などを譲得し、（院家が）領知せらるべきは、寺家としてその祐《たすけ》なきにしもあらず」とよろこんだ。

大仏のほかに領主とは

やがて東南院の恵珍《えちん》（中御門宗忠《なかみかどむねただ》外孫）は、おのれの私領のうち院家三十講供料の分をのぞくすべてを寺家に寄進した。そのさい作成された寄進状は、三綱《さんごう》のしたためた文書目録では「領主の券文をもって、永く大仏に入れ奉る状」と説明されていた。「私沙汰」（私的な領知）を本質とする私領は、寺家にはいった瞬間「大仏」のものとなったわけである。ここでは、私領の領主権を接収することが黒田荘成立の重要な基礎となっていながら、荘園が完成したあとはその領主権が人間ではない大仏のものになっていることを注意したい。

そういえば荘園体制の確立後、覚仁《かくにん》という僧の私領のことについて、東大寺がいった言葉にも注目する必要がある。覚仁の後家尼真妙《しんみよう》がその土地の年貢《ねんぐ》未進を弁解して、「作人が究済を泥《けが》す、領主（真妙）の対捍《たいかん》にあらず」といったところ、東大寺はつぎのように述べたのである。

くだんの料田は、大仏のほかに領主とは誰のことか、（このように訊《と》うのは）慶寿が領主職を全部寺家に施入しているからである。しかして覚仁は慶寿の末孫であるから、年貢催促の権限だけは寺家から付けてやった。真妙は覚仁の後家であるので、覚仁の権限をついで奉行しているにすぎない。たちまち（おのれを）領主と言うのであれば、はやくその証文をだすべきだ。このことはただ年貢を対捍するというのにとどまらず、寺領を奪おうとする企てで罪科はいよいよ重い。（鎌三・一二〇六）

東大寺は年貢未進の実否以前の問題として、真妙がおのれを「領主」と称したことを重大視し、つよく否定した。慶寿のときに寺家に施入されているのであって、末孫の覚仁に年貢の催促権はあるものの、その土地には大仏以外に領主はいないというわけである。荘園体制とはすべての土地にたいして、ただ大仏だけが領主として存在する体制であって、私領と私領主の介在を許さないことを理念にした体制であった。この体制に相応するものとして、さきの荘民たちの身分意識（大仏の奴婢）は機能していたのである。

南京大衆の周辺

数万の兵士を率いて

名張の住民たちが、出作民の開墾活動と結合しながら、寺家の寄人・神人になることは、すなわちそのことが東大寺における体制の成立を意味していた。つまり身分的に寄人・神人になることは、住民たちが在地にあっては荘民になることであるが、それだけではなくて同時にかれらが南都《なんと》の寺院にまで出向いて寺の力をつくりだすことによって、逆にみずからをしばる政治秩序の枠をつくったのである。

そうした枠をつくる運動のなかで、注目すべきは寺院に一個の自立した武力が造り出されたということであった。荘園が各地に生まれ、いくすじもの交通の糸でそれらが南都につながったころ、寺院による朝廷への嗷訴《ごうそ》あるいは他寺との戦争はもっともはげしいやまをむかえた。天永四年（一一一三）、比叡山とあらそう興福寺の大衆《だいしゅ》は、天台座主の流罪、興福寺僧流罪の撤回、祇園社の末寺復活を要求して大規模な行動をこころみた。そのときの様子を、都の貴族はつぎのように、自分の日記に書き留めた（『中右記』天永四年四月条）。

南京の大衆、明後日に、数万の兵士を率いて、京都に向うべきの由、すでに風聞あり、よって軍兵を宇治につかわし、南坂の辺に禦《ふせ》ぐべきの由、仰せられおわんぬ、

南京の大衆がすでに本寺をでたという情報が京中にとびこむと、下人は「随兵千万」などと言いちらし、「京中騒動は記し尽くすべからず」というまでの恐慌状態におちいった。裹頭《かとう》（布で頭をおおって顔をかくす）の僧たちにつきしたがう兵について、別の記録には「金峯山・吉野の軍兵、大和国の土民・庄民、弓箭《きゅうせん》を帯するの輩、みなもって相従う、幾万を知らず」とあるから、このときの南都・北嶺《ほくれい》のあらそいと嗷訴にさいしてみられた「数万の兵士」というのが荘園から出てきた民衆であったことはまちがいない。畿内とその周辺の住民たちが南都・北嶺につながる運動の、その社会的なうねりが、都の人びとを恐怖におとしいれるまでの大規模な嗷訴や軍事的示威をつくりだしたのであった。

荘園体制が出現するころに、いかに大きな武力が寺院に与えられたかは、右の事例をみれば明らかであるが、つぎの事実もこうしたことをよく物語っていた。以仁王《もちひとおう》蜂起は源平争乱の発火点となった事件であるが、その事件の直後、反平氏の興福寺が「兵《つわもの》の強き地なり、いたずらに日数を経れば、さだめてその勢は万倍するものか」といわれ、平重衡《しげひら》が焼き討ちをする前夜には「奈良の勢は六万騎」というまでにふくれあがっていたのである（『玉葉』治承四年十二月二十七日）。

武士的なものとの戦い

わが国の中世寺院はあたかもヨーロッパの無力な修道院が、大衆の力による「神の平和」運動をばねに、俗界の封建貴族に抗しうる強大な勢力を手に入れたように、下からの民衆の寄人・神人化運動に依拠することによって大きな闘争力を保持することができた。寺は独特の団体観念である〈衆〉を意志形成の基礎にしていたが（後述）、それが有効にかつまた強固に機能するためには、団体内部でつよい共同体規制を必要とした。大きな闘争力を保持した僧の団体の内側では、そとにむかうそれだけの力を保障するために、以前にもましてつよく内部での共同体規制が働いていたはずなのである。

さかんに嗷訴が発生したころの寺院の内部では、ある特定の僧の房舎が、大衆の手によって切り破られ焼き払われることが頻発《ひんぱつ》した。康和五年（一一〇三）三月、興福寺では僧の信永《しんえい》と湛秀《たんしゅう》の僧房が大衆によって切り払われた。この両名は維摩会《ゆいまえ》の研学竪義《りゅうぎ》に選ばれたが、年臈《ねんろう》ともにあさく資格にあらずというわけであった（『中右記』康和五年三月二十五日）。康治元年（一一四二）の維摩会のさいには、准研学に抜擢された覚盛が大衆によって住房を切られその身を追却された（『三会定一記』）。これもおなじような理由であろう。こうした内部での制裁は衆勘といい、〈衆〉の意志としてこれをおこなうのを常とした。それは〈衆〉の意志であるから行為に正当性が与えられているのであって、その正当性のまえでは別当と寺僧のちがいはなかった。別当であっても、たとえば恵信などは衆勘にふされて、佐保田房舎を焼かれ所従《しょじゅう》・眷属《けんぞく》の住宅が切り払われた（『興福寺略年代記』）。

ところで僧の団体が、学侶だけの狭義の「大衆」から周辺部まで含むにいたり、寄人・神人をも包含すると、当然にこの衆勘は寄人・神人になった荘民へも押しひろげられる。寺領荘園の支配形式のもっとも重要な特質は、実はここにあるのであって、それは寺のあらゆる僧にくわえられる規制・制裁とまったく同様のものであった。かつて民衆が国衙の圧迫に抗してくりひろげた寄人・神人化の運動は、そのことによって自分たちの自立的な経営を可能にした。が、しかしその反面で、〈衆〉の観念のもとにおのれらを縛りつけもした。その結果民衆は、寺内にみられたのと同様の衆勘にさらされることになったのである。

この場合荘民にたいして発動される暴力は、階級的な支配の暴力とはうつらず、共同体内部の規制であると荘民からはうけとめられた。やがて大衆の内部が特定の機関に支配され、大衆のもつ力が一部の権力に収斂《しゅうれん》されても、この共同体の幻想は根強く生きつづけた。寺院が独自に組織された武力をほとんどもたないにもかかわらず、なかなか荘園の支配力をうしなわなかったのはこのためであった。

こうした共同体と〈衆〉の観念を基礎にする寺領荘園体制は、その内部につらぬかれた構造的な原理のために、在地武士の領主制の運動ときびしく対立しなければならなかった。当時の武士の多くは荘内の各種荘官職に補任され、その枠のなかでのみ存在が許されていたが、かれらは私的な世界を強化しながらやがて共同体の成員である周辺住民を支配下におこうとする。それはまず「純個人的な支配権」（M・ウェーバー）の形成運動としてあらわれざるをえない。かれらは所領の拡大のために、大仏が領主であるはずの名田を自分名《みょう》（荘官名）にくみこんで、そこの自立的な経営者（名主《みょうしゅ》）を下人化しようとこころみた。かれらが封建的領域支配者になるには、公法的な権能を獲得するまえにまずは私的な世界を強化しようとした。それは荘園体制にとっては原理的にゆるすことができなかった。

そこで荘園体制の共同体規制は領主制を志向する武士的なものにたいして、仮借のない暴力となって発動された。これは体制にとって、みずからが生きるための戦いにほかならなかった。黒田荘において、平康兼《たいらのやすかね》は「一寺の大怨敵」とされ、跡を削られ荘内から追却された。また、沙弥道証《しゃみどうしょう》は関東御家人と号し、京都大番役を勤仕しようとしたために、自分ならびに所従の住宅を焼かれ、作田を点定《てんじょう》（没収）されたのであった。

悪党の活動

村の悪党

盗賊領主になった荘官たち

文永・弘安のころ（鎌倉時代の後期）から、黒田荘の武士は悪党のかたちをとるようになる。それまで荘官の地位にあって勢威を誇ってきた大江氏の一族が、武力をつかって本所《ほんじょ》（東大寺）への反抗をはじめた。最初の悪党は大江清定《きよさだ》といい、かれは北伊賀に勢力をもつ服部康直《はっとりやすなお》と組んで、大和国の八峯山《はちぶせん》と伊賀国の黒田坂で山賊、伊賀国霧生《きりう》で夜討をはたらき、さらに黒田・簗瀬《やなせ》の荘内で放火と殺害をおこなった。そして本所にむかっては路次を切り塞《ふさ》ぎ、逆茂木《さかもぎ》をひいて城郭をつくり、一荘の年貢と公事《くじ》をうち止めたという。

清定が悪党になった背景には、ようやくこのころに荘園体制の共同体的な構造が、その機能を弱めはじめたということ、在地で進行する地主的な土地関係による名《みょう》の機能麻痺《まひ》によって、荘官の公的な権能が狭まり村内への政治的な影響が後退したこと、そして後退した部分についてはこれを回復し、さらに武力をもちいてでも村内支配を拡大したいという欲求が清定の心中にこうじていたということがあげられる。名の中の田圃一枚ごとに生じた地主的土地所有を基礎に、世親《せしん》講料田・大仏殿燈油料田・華厳会《けごんえ》料田・戒壇院《かいだんいん》僧食料田・地蔵菩薩御仏供料田その他さまざまな種類の「料田」とよばれる地目が設定され、料田からの地代が名を通してではなく本所役人の公人《くにん》・堂童子《どうどうじ》・小綱《しょうごう》などの手を通じて徴収されるようになると、名《みょう》の上に公的権能をふるってきた荘官たちは、政治的な力をよわめざるをえない。

危機感をいだく荘官たちは、いままでの名田に対するのと同じように、土地への公事を懸けて村内の支配力を維持しようとした。当然百姓は料田支配の本所役人に服そうとするから、荘官の要求は拒否する。正和のころ（一三一五）、怒った荘官たちが百姓の家内にはいり、質をとって「種々の煩《わずら》い」をしたという史料があるが（鎌三三・二五七〇〇）、このような行為によって生じる百姓住民との矛盾はむしろ大江清定が生きたに時代にこそ主要なものではなかったかと思う。悪党清定は荘官としての地位にこだわっている点で、旧来の武士的な性格から脱けきることができずにいたものと思われ、その分いちじるしく孤立していた模様なのである。かれの仲間はごく限られた者たちにすぎず、なんら村落に接点をもたず、かえって村落と対立しながら盗賊をはたらいていたことを併せ考えると、文永・弘安期の悪党は盗賊領主ともよぶべきものであった。

大江清定と服部康直らは、かれらの紐帯の狭さと政治的基盤の弱さのために、程なくして六波羅《ろくはら》に召し進められ、清定は出雲国へ配流された。東大寺は検断を渋る武家にたいして、弘安三年（一二八〇）発令の「国中悪党を召し取るべき」法令が「本所一円地をのぞかるべき所見はなく、平均に沙汰あるべき」内容であることを引き合いにだして、悪党の追捕をせまった。ここで寺家は本所一円地の共同体的構造がはたす在地封建領主締め出しの機能（内部処理機能）をあきらめ、外部権力に悪党の追捕をゆだねた。このことは悪党の現象と一体の関係で荘園体制が弱ってきていることを示しているが、しかしそれにもまして悪党が比較的簡単に鎮圧されたことの方を、ここでは重視したい。

初期の悪党はいまだその存在が社会的に構造化されていなかったから、当人の身柄を拘束さえすれば反抗の運動現象は鎮めることができた。そのかぎりでは、いまだかれらは孤立・個体的な存在であったといえる。

拡大する勢力基盤

大江清定らが召進されたあと、跡職を継いで下司になったのは越後《えちご》房観俊《ぼうかんしゅん》であった。かれもやはり荘官の職を悪用して荘民とトラブルをおこしていたが、やがて舎弟の伊賀房覚舜とともに寺命を「軽忽《きょうこつ》」（ないがしろにする）、五度の召文《めしぶみ》にも背《そむ》き、正安二年（一三〇〇）に「作稲を苅りとり、民屋を追捕し、年貢課役においては、一向に抑留する」行動にでるにおよんだ。盗賊領主の活動は観俊のなきあと城郭をつくり、なおも活発であった。このため東大寺の要請をうけた六波羅は、近江守護代の佐々木範綱、伊賀御家人の柘植《つげ》二郎左衛門尉の両使を現地にむけ、狼藉の鎮圧にあたらせた。しかし覚舜らは使節が荘内にはいってくると姿を隠し、帰参すると本宅に還住し再び城郭を構え、「天下名誉」の悪党を籠めおいていよいよ悪行狼藉をほしいままにしたという。

これにたいし、東大寺は悪党の拠り所になっている住宅そのものを破壊すれば、悪党を鎮めることができると考え、これを武家にやらせた。ところが「住宅」を破壊し拠点をうばったものの、在地の反抗はそのことをもってしては根絶できなかった。むしろそのことによって新たな活動のひろがりをつくりだす結果となったのである。拠点をうしなった悪党は親・兄弟・舅《しゅうと》・婿《むこ》・相舅《あいやけ》・叔父（伯父）・甥《おい》・烏帽子親《えぼしおや》・烏帽子子《えぼしご》などの縁者の家内に身を寄せ、そこを足場にして荘内を動きまわり跳梁《ちょうりょう》した。一荘の土民（村民）一、二千人のうちわずか五、六輩の悪党を鎮圧することができず、荘家のいよいよ亡弊するのは、すべてこれ縁者が同心しているからである。個々の悪党の拠点はつぶしたがそのことは在地の反抗を根絶したことにはならず、かえって盗賊領主の活動基盤を族縁共同体の全体（縁者境界）にまでおしひろげてしまったのである。

こうしてかつて「一門所従の好《よしみ》」を断ち切られ、個としてしか存在できなかった悪党が、こんどはその「一門」縁者をのみこむ図式をえがきだす。そればかりではない。覚舜の活動のあとを承けてかの金王盛俊《かなおうもりとし》があらわれるのであるが、かれらの狼藉はいつしか村の騒動になっていた。「惣荘の土民等、かの悪党等に同心せしむ」という様相を呈すにいたっていた（嘉暦二年六月）。こうした情勢のなかで黒田坂の事件はひき起こされたのである。

黒田坂の事件

黒田悪党の活動は鎌倉末期の嘉暦のころ（一三二六～二八）に、その烈しさと集団性において、ほとんど最高潮に達した。そのことをもっとも如実にあらわしたのが、嘉暦三年（一三二八）に発生した黒田坂での事件であった。簗瀬《やなせ》荘土民の金王兵衛尉《ひょうえのじょう》盛俊はかねてから年貢を対捍《たいかん》し、寺家の作毛差し押えにたいしては、公然とこれを無視して刈取りをおこなうなどの悪行を重ねていた。このためこの年の十月七日、寺家政所《じけまんどころ》は大屋戸村の盛俊の住宅を焼きはらい、屋敷地を没収することを政所の会議で決定し、ただちにこの決定事項を惣寺の集会にかけ了承させた。

そして十一日には年預所の役人である小綱・公人・神人《じんにん》が荘の現地にくだった。ところが、金王盛俊とその縁者の青蓮寺《しょうれんじ》七郎入道・子息金王男・簗瀬九郎等は役人をおし返し、さらに逃げるかれらを黒田坂まで追いかけ、そこで神人為時を殺し御輿所《みこしどころ》善力法師を刃傷したのである。他の者たちは衣裳所持物を奪い取られたが辛くも命ながらえ、やっとのことで奈良ににげもどった。盛俊と一味の行動はこれだけではなかった。東大寺衆徒の訴えによれば、寺家役人を殺傷して四散させたあと、黒田坂などの路次を掘り塞《ふさ》ぎ、「自今以後ながく寺家の使者を庄内に入れ立つべからず」と誓いあい神水起請《しんすいきしょう》におよんだという。

この事件には時代の傾向をみるうえで、注目すべきことがらがふくまれている。それはまず、この事件がほんらい金王盛俊と寺院本所の問題から発したものでありながら、盛俊の行動がすでに彼とその「一門」縁者だけのものではなくなっているということである。東大寺衆徒が「凡《およ》そ、いまの此の悪行には一庄の土民が漏るるところなし」と述べたのは、すでに悪党の行動が村の騒ぎに転化していたことを示していた。文永・弘安期に悪党化した大江清定・服部康直らの場合は、比較的簡単に六波羅探題の手によって召進されたが、盛俊のころの悪党はかなりおもむきを異にしている。一荘の土民（村民）が漏れるところがないといわれるほど悪党の周囲に動いており、かれら村民のなかにまぎれこんだ盛俊らは一向につかまらないのである。

金王盛俊とその仲間が神水起請の儀礼を自分たちの行動形態にくみこんでいたということは、きわめて注目すべきことがらであった。それがある局面での一時的なものであるにせよ、やはり十分注目すべきであると思う。というのはこの行動がかつての大江氏のように、荘民の上にたち荘民の生活全体を階級的に支配しようとする者には本質的にとることのできない行動であったからである。盛俊らがみせた黒田坂の神水起請の情景には、権力者たろうとする者の孤立性はみられず、むしろかれらが階級的支配力をうしなうことによって、地域にとけこんでいる事態がみられるのである。土地の領主と村民の関係はそれが支配と隷属の関係であっても、日ごろの日常生活のなかでは顔をあわせ言葉をまじえる関係であった（後述）。しかしそれは階級間の客観的な矛盾が必要とした欺瞞的な儀礼であるから、村民にとっては気をゆるせるものではなかった。

これにたいして盛俊がどのような言葉を村民とかわしていたかは不明であるが、かれとその仲間たちが神水起請をとおして、おのれの存在と行動を社会化し構造化するまでには、そう大きな困難はなかった。なぜなら村民との間に共通な感覚と親交をすでにもっていたからである。地代を対捍《たいかん》する盛俊にたいし寺家が作毛を点札すると、盛俊はそれを引き抜きことごとく刈り取ったという。おそらく作毛の点札は注連《しめ》をはり神木をさして人の立ち入りを禁じる行為をふくむにちがいなく、そこには大仏八幡の宗教的な威圧が存在したであろう。だからこそ、村民が見ているまえで、点札を抜き捨て作毛を刈り取ったのであった。

悪党盛俊は村民がもつ本所への敵対的な気分を知っており、それを刺激するために大仏八幡の威圧をあえて虚仮《こけ》にしたわけである。きっとそこでは、ことさらに大げさで派手な身振りと滑稽な濫言が村民をよろこばせたにちがいない。反抗の哄笑はやがて自由狼藉となって跳梁し、権力が機能している〈日常〉を人びとの内側から押し破っていったのである。そこには、つぎの「武装の行粧」の章でくわしく見たいが、祭り的な状況が現出していたのではないかと思う。

「大仏奴婢」からの脱却

金王盛俊が活動したころ（鎌倉末・南北朝期）の悪党の騒ぎには「一庄土民」が参加していた。このことが以前にはみられない悪党の特徴としてあげられるということはすでに述べた。では「一庄の土民」はなぜ悪党の騒ぎに参加したのだろうか。土民の側にも騒ぎに同調したくなるなんらかの事情があったはずである。それはどのようなものであったのだろうか。

このことを考えるには、まず東大寺との関係でかれらの意識と気分が、つね日頃どのようなものになっていたかをみなければならない。もともと在地の住民は寺院本所の仏菩薩に精神的に結合していた。荘園制成立期の荘民はなにはともあれ、おのれを「大仏遮那《しゃな》の奴婢《ぬひ》」とよび、なにごとにも「大仏八幡を憑《たの》みたてまつる」心の姿勢を保持していたのである。こうした意識にあるかぎり、寺への敵対はありえず仏神の使いである神人《じんにん》・公人を敵視することもなかったはずなのである。それが鎌倉末期には、盗賊武士・地侍《じざむらい》・博打《ばくち》うち・山伏そのほか雑多なものどものなかにはいって、寺の役人にたいし実力をもって敵対を開始した。敵対の行動にいたるまでには、荘民たちの意識に劇的な変化があったにちがいない。

このころの住民たちは、寺の仏神と結びついた荘民としての意識をすでに持ち合わせていないか、あるいは急速に失いつつあった。その根本的な原因はやはり荘園の柱である名《みょう》の制度が崩れ去ったことによっていた。黒田荘の名の制度がになう役割は、荘民から本年貢（学生供米《がくしょうくまい》）を納めさせ、各種の公事を寺に奉仕させるところにあった。この時代のこうした制度はたんなる経済制度ではなく、色濃い宗教的・文化的な粉飾がほどこされた制度であったから、名によって組織され徴収される年貢や公事は、それ自体に荘民への精神的な意味がふくまれていた。名を通過する地代はどんなものでも、住民を東大寺の仏菩薩に結合させ、仏の加護をうけさせてくれるものとして意識されていた。ところが十三世紀の後半になると、田圃の一枚一枚に私的な所有が群生し、個々の寺僧地主との関係が住民社会を支配するようになった。それと同時に名の制度は機能しなくなった（これにともなって、従来の荘官がもつ公法的権能がうしなわれ、大江氏の政治的影響が後退したことはすでに述べた）。

地主によって収取される生産物は地主個人によって消費されるのであるから、住民にとって納めるべき地代に精神的価値はなくなる。おそらく寺院本所に住む僧にとっても、地代はおのれの生活をなりたたせる経済的価値以外のものではなくなった。こうして住民の宗教的な感情をともなう寺との関係は切れ、それに裏付けられた身分意識もうしなわれていかざるをえなかった。「大仏の奴婢」たる荘民の意識をうしなった住民たちは、目にみえない神・仏の権威に帰服するより、銭や物がもつ不思議な交換価値にからめとられていった。中世の民衆は現代のものが想像するより、はるかにつよく宗教的な敬虔さをひめていたといわれる。しかしこのころを境に、これとても確実に色褪せていき、かわって富にたいする屈託のない憧憬《どうけい》が前面にあらわれてきた。

ところで名内の田圃ごとに私的な所有関係が広範にうまれると、住民と寺院本所との関係はつぎのような面でも重大な変化を生みだした。住民の私的所有関係に吸着する寺僧地主をとおしてしか生産物を収得できない寺院本所は、個々の地主にはできない支配のための力の行使を担当せざるをえず、ために住民のまえに直接あらわれざるをえなくなってきたのである。地主たちの支配・収取関係の盛行によって、ありがたい仏菩薩がうしろに退くにつれ、宗教的・思想的にまぶされて見えにくかった支配のための力が、前面に出てきてしまったということである。

地主の土地を耕すものであれば、零細な農家であっても寺院本所の譴責《けんせき》をうけねばならない。かつて突出した敵対武士だけを相手におこなっていた所領没官《もっかん》と住宅焼却は、こうして全住民にむかってなされることになった。盛俊の反逆運動の周囲に広範な村民の姿がうかがえるのは、こうした事情によって醸《かも》し出される住民の寺院本所に対する敵愾心《てきがいしん》とけっして無関係ではなかった。

天下の珍事に及ぶべきか

黒田荘住民の武装反抗がはげしくなると、東大寺は朝廷にむかって悪党の追捕を六波羅探題《ろくはらたんだい》に命じるようにうったえた。武家の警察力を発動させ、その力でもって荘園秩序の回復をはかったのである。しかし悪党が社会全体に構造化してくると、武家の力をもってしても、かれらの跳梁をしずめるのは容易ではなかった。それどころか、悪党の問題は武家が担当することによって、中世国家の矛盾の一郭を構成するにいたり、結果として鎌倉幕府の崩壊をはやめた。朝廷の命をうけると、六波羅は伊賀国の守護代と有力御家人（守護使）に、近隣の地頭・御家人を動員して、荘内にはいり悪党を召し取り、城郭があればこれを破却せよと命じた。

しかし守護代と有力御家人は、六波羅の命令をうけとっても、まったく動きがにぶかった。しばしば守護使に指名された人物に北伊賀の有力御家人・服部持法《じほう》というのがいた。かれは悪党の追捕にたいして終始露骨に消極的であった。嘉暦二年（一三二七）二月、悪党の覚舜・清高・道願らを追捕しなければならなくなったときなどは、彼はやっと現地にはむかったものの弓箭・兵仗を帯することはしなかった。そして荘の境にのぞんでは、悪党からさんざん饗応をうけたあげく、そのまま引き退くというありさまであった。その後、怒った寺家にせきたてられた六波羅は、使節と国中の地頭・御家人にむかって、身を入れて悪党の退治にあたるよう、いくども命令の御教書《みきょうしょ》を発した。

一か月後の三月、やむなく平常茂と服部持法の両使はふたたび荘内にはいることになった。このとき両使は悪党がすでに逐電したこと、破却すべき住宅はほとんど存在していなかったこと、城郭は存在していないこと、預所は荘家にすえおいたこと、などを六波羅に報告した。しかしこのときも、実際には荘内に入ること自体をしなかったらしい。持法らの消極的なさまは、この程度にとどまるものではなく、この年の十月の入部のさいなどは、寺家役人とわざと日程の行き違いをつくり、追捕を攪乱《かくらん》することさえしていたふしがある（『大日本古文書』一一・二三四）。六波羅の命令が九月二十日には両使の許《もと》についているのだから、ただちに入部すべきところを十月十五日に引きのばした。それだけでも寺家としては不本意なわけだが、守護代は寺門にたいして十五日の日程を明言し、持法もその日程に間違いないというから、そのつもりで寺家は当日「尋所の使」（現地案内の使）を現地に下した。すると両使ともに前言をひるがえし、「いまだ日限を申し定めざるところ、左右なく（尋所の使を）下向するは然るべからず」と言い、寺家の使いを追い上げるという不審な行動にでたのであった。

かくして荘民の反抗はますます烈しさをくわえ、悪党の行動はさらに活発なものになっていった。土民の住宅は城郭に改造され、住民は悪党に同心して公然と寺家の使者を荘から追い出し路次を切り塞いだ。こうした状況の流れのなかで黒田坂の事件は発生したのである。

黒田坂の事件のあと、金王盛俊・禅道以下の悪党は公然と城郭をかまえ、現地の支配を目で見えるかたちで実現し（元徳二年三月）、かれらの悪行はいよいよ光を放つ、といわれるほどの勢いをみせていた。悪党は寺院本所が討伐の動きをみせると、自分たちがふるくから持つ供御人《くごにん》身分をつかって贄司《にえし》の挙状をもらいうけ、京都の法廷に争いをもちこもうとしたり、そうかとおもえば武家使節に莫大な賄賂《わいろ》をおくって、入部をとどめるなど、上部の権力内部にまで手練手管を駆使している。おそらくその工作の元手をつくるためでもあろう。悪党の年々もって抑留する寺用米は三千余石にのぼった。

悪党の猖獗《しょうけつ》に東大寺がつぎのように述べたのは、けっして大げさではない。「五百余歳の一円の寺領は、悪党のために没倒せられ畢《おわんぬ》、天下安全の誠祈、退転せしむるの条、いかで歎き思しめされざらんや」（欠年断簡、衆徒僉議事書土代）。さらに東大寺はこうものべた。「悪党人等の造意は、国中の狼藉にかぎらず、ほとんど天下の珍事におよぶべきか」（元徳二年六月、衆徒僉議事書土代）。東大寺が伊賀一国の悪党の運動に「天下の誠祈、退転」だけでなく、「天下の珍事」を予測したのは、悪党の運動が社会の〈部分〉の問題ではなく、〈全体〉の問題であり、秩序の全体をくずすまでの性格のゆえに、天下の問題にならざるをえないと直感していたからであった。はたして、衆徒が「天下の珍事」をあやぶんだ翌年、元弘内乱の狼煙《のろし》は後醍醐天皇がこもる笠置山からあがることになるのである。

寺の悪党

黒田悪党の活動が活発化するにつれて、東大寺の荘園体制は白蟻《しろあり》に食われた建築物のように、全体として空洞化が進行し体制としての生命をうしなっていった。なぜこうした形で生命を失っていったか。このことは寺院のなかで暮らす僧たちの存在形態と、じつは深くかかわることがらであった。ここではまず、僧侶の生活のなかにつちかわれた武装の慣行と武的な行動様式が悪党の存在と深く、緊密に結びついていたことをのぞきみる。悪党の問題は在地だけのものではなく、寺院本所の内部の問題でもあった。

武闘する僧

中世の寺院社会では、みずからの主権のために――おおくの場合は、我執と驕慢のために――僧が武力をたくましゅうすることは、けっして珍しくはなかった。鎌倉時代の末期の比叡山では、「凡《およ》そ、近年の山門の為躰《ていたらく》、経論を講ずべき堂舎は、悪党閉籠の戦場なり、法談を専《もっぱ》らとすべき学窓は、凶徒謀略の会所なり、甲冑のほかに身には法衣なく、弓箭《きゅうせん》のほか手に経をもつことなし」というありさまであった（鎌三五・二七〇一二）。ここに悪党とか凶徒とあるのは、合戦闘諍《とうじょう》にあけくれる武装した僧徒のことである。こうした武装の僧徒は、寺内の門派・門流・派閥間に発生する抗争の、兵力となって動きまわるのを特徴とした。弘長のころ（十三世紀後半）、醍醐寺座主《ざす》の定済《じょうさい》は衆徒と対立したあげくに南都から数百人の悪党を動員し、寺内に乱入しようとこころみた。このため「洛中洛外の人は、あまねく耳目をおどろかす」という騒ぎになったというが、このとき動員した悪党は、南都の寺僧帳から名をけずられた「凶類」であった（鎌一二・八八四七）。

東大寺ではどうか。黒田悪党に悩む十四世紀のはじめごろのことである。寺のなかの僧徒は、凶類に与同してややもすれば堂舎に閉籠、あるいは縡《こと》を濫訴《らんそ》によせてしきりに城郭を構えつくった（鎌三一・二四〇二二）。かれらは香花供養を勤めとしていたというから堂衆であったのだろう。そういえば嘉禄二年（一二二六）法華堂と中門堂の両堂衆が合戦をしたことがある。そのときの用途は、春日社の季頭物米二〇石を借りうけた法華堂衆の有《う》徳《とく》僧行海から提供されている。文保元年（一三一七）のときは悪党（武勇の僧徒）が住吉神主国冬から数百貫の用途を借り、これをもって大仏殿閉籠・合戦の兵粮とした（鎌三四・二六二一二）。東大寺の僧徒も、寺の内外の有徳人《うとくにん》（富裕な人びと）に結びつき、寺内で合戦をひき起こしていたことがわかる。＊事態をおもくみた朝廷は、堂衆の活動を「伽藍破滅の基《もとい》」であると断じ、以後は大仏殿以下の諸堂といい、八幡宮・三面僧房といい、宿坊をかまえ城郭をくわだてることを禁じた。そしてもしなお、厳制に違犯する輩があれば「師匠ならびに縁者・親類ら」に懸けて遠流《おんる》の刑に処すものとした。

＊　中世寺院のなかに暮らす僧侶には、修学をする僧（学侶・学生）と堂の仏に水や花を供える堂衆がいた。このほか寺内には半僧半俗か俗体すがたの小綱・公人・神人・寺人など各種雑人が出入りしていた。中世寺院はその特質として、寺の機構の内部に荘園を組み込んでいたから、伽藍を荘厳《しょうごん》することは法会をとりおこなう僧たちだけのものではなく、掃除・警衛の仕事に与《あずか》ることによって、荘民のものでもあった。半僧半俗や俗体の雑人は公事のために寺にあがった荘民である場合が少なくなかった。さきにも述べたが、荘園の名《みょう》を通じて奉仕するものは年貢も公事もことごとく、荘民を仏菩薩に結びつける意味をもっており、このことによって荘園体制は寺の者と在地の者をつつみこむ一個の共同的な団体として存在していた。けれども俗界の庶民はこうした編成のされかただけではなく、個々の寺僧と私的な関係で寺に編成されることもおおかった。僧房に出入りをする房人がそれである。

僧の武装は古代の軍隊のように制度が先にあるのではなく、個人の意志から発しているから、本質的に私的な世界を武装の基盤としていた。

僧房をねじろに

団体の生活を基本とする寺院にあっては、全体からおのれの身体を空間的に区別する場は僧房だけであり、私的な世界を成立させるとすれば、ここ以外に考えられない。時代がくだるにつれて僧房は私財の対象ともなって、やがて私僧房ともよばれるようになり、武器と兵をたくわえた僧が主権的個人を実現する場として存在するようになった。

さきほど醍醐寺の座主定済が南都の悪党を動員して寺内へ乱入しようとしたことを紹介したが、かれのこの行動は当時「寺内夜々の狼藉は、かの（定済の）房中より出る」といわれていた。定済がおのれの僧房（房中）をねじろにして、武力を養っていたさまを知ることができる。東大寺の僧が堂舎・社殿に宿坊をかまえ城郭にしようとしたのも僧房を武装拠点にしようとする動きから発したものであった。十三世紀の末に、ある僧が修学のため比叡山に上がって戒上房なる僧房にはいったが、そこは「房主（師匠）」といい、同法（同じ師匠について仏道修行する仲間）といい、さらに勧学の志はなく、ひとえに兵法を専らとする」ばかりであった。そこでなお修学をこころざしたこの僧は、かえって仲間から誇《そし》りをうける始末であったという。

こうして発生した僧房を拠点とする武装の慣行が、はじめから私的な意図にもとづく「武」の行動であることは、いうまでもなかった。この私的な「武」はもともと、法人格をもつ寺の〝全体〟のなかでは異物として存在していたのであるが、鎌倉時代には寺の外の個人や集団と繋がりをもち、社会的に無視しがたい勢力を形成するようになっていった。それは寺内にあって私的に武装する悪僧が、さまざまな形態をとって寺と在地とのあいだを、荘園制とは明らかに異なる原理をもって構造化することでもあった。近江国の葛川荘の住民は「大聖明王の霊地」に住んで、ひとえに明王の本願だけを仰いでいなければならないはずであったが、鎌倉末期には過差のほどが過ぎるあまり、武芸をこのんで弓箭を帯し、さらに山徒と相語らい房人を号し、方々の寄沙汰《よせざた》をいたしては所々の悪行に与《くみ》したという（鎌三四・二五八七九）。

在地住民を組織した山徒は、債権者からの依頼をうけると、自分の僧房に屯《たむろ》する弟子・同宿のほかに房人（住民）をつかって、債務不履行のものにたいして、債権の取り立て（寄沙汰）をおこなった。「所々の悪行」とはそのための暴力的な差し押えであった。債権者の利益確保のための実力行動を武勇の僧徒が代行することは、ほんらい体制が独占するはずの紛争解決の権能を民間の武力がうばいとることにほかならず、これを放置すれば国家の裁判権は必然的に弱まることになる。鎌倉幕府法が寄沙汰を厳重に禁じたのはこのためであった。また僧徒が弓箭兵具を帯して洛中横行するのを幕府が禁圧したのも僧の寄沙汰と無関係ではなかった。武装の僧が房人をたくわえ、寄沙汰をして荘園の内外に闘諍をひき起こすようになることは、寺の悪党の社会的なあらわれ方として注日すべきである。

手掻に棲む悪党

寺の僧には荘園の制度のなかにあって、悪党になるというケースもみられた。黒田荘の覚舜・観俊・金王盛俊らが寺家敵対の活動をつよめているとき、黒田新荘の管理と経営にあたる預所《あずかりどころ》の快実が悪党化した。かれは新荘の所当散用状と結解《けちげ》状を本所に提出しているから、悪党になるまでは、預所の地位にあったことはまちがいない。それが元徳二年（一三三〇）九月、悪党としてリストに名前をあげられ、ついには衆議をもって処罰されることになった。そのときの決議文によると、兵部房快実は寺敵悪行のものゆえ所領を点定《てんじょう》（没収）し罪科をくわえることを満寺群議して決定した、だから惣寺の支配する土地は直接点定の沙汰をくわえ、諸院家の土地の場合は方々の諸院家に点定沙汰されたき旨を触れ申すことにする。満寺を構成する寺僧は、それぞれ所属するところの院家の領内に、快実進止の田畠があったなら反歩ものこさず点定すべきである、ゆめゆめごまかしがあってはならない、というものであった（東大寺図書館所蔵文書)。

快実という僧がどのような人物であったのかは、史料が少ないからはっきりは分からない。それでも元徳二年の悪党のリストに記された記載注記は興味深い。このリストは青蓮寺孫五郎入道の息のかかった悪党を主に記載したものであるが、そこに異筆でもって「快実　兵部房　当寺々僧　転害住」と書き込まれている(『大日本古文書』一〇・一一四号)。この注記によって、かれが東大寺の手掻《てがい》(転害)門辺に居住していたことがわかるのである。「当寺(東大寺)々僧」であることは、新荘の預所だったのであるから当然で、怪しむにたらぬが、住所が手掻門辺であるということにはやはり注目する必要がある。

ひょっとしたら、住所が手掻(転害)であるということは、快実の社会的存在と密接に関係しているのではなかろうか。というのは、かれの住む手掻の地が中世には伝統的に刀鍛冶《かじ》が住みついており、武器・武具の有名な産地であったからである。大和手掻の刀匠が製作した刀剣は現在にのこされており、一九七六年の東京国立博物館特別展「日本の武器武具」で展観されている。その太刀一口には鎌倉時代の手掻派の刀匠「包永《かねなが》」の銘がきってあった。この「包永」の名は、『類聚名物考』巻百六十には鏃鍛冶《やじりかじ》としてもあらわれるから、*この土地に住む鍛冶の流派の銘としてひろく使われていたのだろう。

＊　笠置山にたてこもった後醍醐天皇の兵に足助《あすけ》次郎重範《しげのり》という武士がいた。かれが六波羅の軍勢の荒尾九郎の鎧の栴檀《せんだん》の板を射抜いた鏃《やじり》は「大和鍛冶のきたうて打たる鏃」であった。あるいはこれも手掻派包永の製作にかかるものであったのかもしれない。

大和手掻派の鍛冶たちが、どのような暮らしをしていたかはなにも分からない。しかしかれらの住む村に悪党快実が居住していたことを考えると、たんにかれらを「東大寺隷属の鍛冶」（展観カタログ『日本の武器武具』）というのでは不十分であると思う。かれらは一般的に法人としての〝寺〟（東大寺）に隷属しているのではなく、快実のような個々の僧に結びつき、それぞれ特殊で具体的な武力をつくり出していたにちがいない。比叡山の山徒はツルメソ（弓矢・弓弦をつくる賤民）をもっていた。熊野の僧徒も熊野鍛冶の頰当《ほおあて》を使ったところをみると、武器生産の職人を支配していたようである。これらとおなじように、南都の僧も手掻の職人を押さえていたのであって、兵具の生産者はそこに深くかかわる武勇の僧徒に、まずは刀剣・長刀《なぎなた》・甲冑を供給していたのである。そう考えると、悪党の快実が住むところとして手掻はまことにふさわしいところであった。＊

＊　『庭訓往来《ていきんおうらい》』にはこの地の刀剣が「奈良刀」として称揚されている。この地の兵器生産は中世の後期にまでつづき、応永三十年（一四二三）には手掻大路に太刀屋というのがあった。このほか同所に

は「クツワ屋」・甲屋・腹巻屋などが存在し、腹巻屋藤二郎なるものは兵具の製造販売にしたがう当時奈良有数の商人であった（豊田武『中世の商人と交通』）。室町期の奈良物の甲冑は、鋸の歯のように細かい札《さね》を用いているのが特色で、こうした札を奈良小札と称した（山上八郎『日本甲冑の新研究』）。

預所をのっとった悪党

黒田荘の新荘にあらわれる悪党は快実だけではなかった。すでに十三世紀の前半に俊快・聖快なる武勇の僧があらわれ、十四世紀のはじめには快春という悪党シンパがみえる。そしてそのあとに悪党快実が登場するのである。いずれも「快」が通字であることは、かれらが互いになんらかの関係を持ち合っていたということであろう。そこで注目すべきは、快実のもっていた新荘預所職が俊快からの系譜で相承したものであるらしいということである。新荘預所職の相伝関係については、稲葉伸道氏があらたに発見された史料を紹介するとともに、興味深い知見を発表している（東洋文庫所蔵塚本文書　長徳二年大間書紙背文書、「東大寺領伊賀国名張郡簗瀬庄・黒田新庄について」『名古屋大学文学部研究論集』ＬＸＸＸⅢ・史学二八所掲）。いまこの研究をたよりに新荘の悪党をみていきたい。

もともと新荘の実質的な経営権である預所職は、黒田荘が一円不輸の寺領になったとき、別当の顕恵《けんえ》から尊勝院《そんしょういん》の弁暁《べんぎょう》がゆずりうけた領家職を分割して「別相伝」としたところに成立し、以後尊勝院の僧聖玄《しょうげん》に譲り渡された。聖玄のあと、この職は聖俊《しょうしゅん》にわたされ、さらに禎助《ていじょ》へと聖玄の子孫に相伝された。聖玄と息子の聖俊が生きた時代は、寛喜の大飢《き》饉《きん》があったころである。黒田荘の損亡はひどく、収納使・預所の得分米をすべて免除しても、なおも百姓らは餓死しあるいは田畠をすて逃亡する始末であった。このため預所の聖玄は学侶に供給すべき年貢米（学生供米）がとどこおり、あやうく惣寺から罪科に処されそうになった。しかし聖俊が「随分の力をはげまし、巨多の年貢米を学生に下行し」てことなきをえ、聖玄の家系に預所職の相伝権を確保したのである。

けれども実際の相伝の関係は、けっして単純ではなかった。というのは、聖俊の死後に親の聖玄があらためて預所職を禎助に譲りなおすという経過をたどったあげくに、譲られたはずの禎助にたいしその知行権を否定するものがあらわれたのである。その人物こそ、俊快であった。かれは聖玄の譲りがあると称してあらわれ、結局預所職を禎助からうばいとり俊快の師資《しし》相承《そうしょう》の財産にしてしまったのである。

俊快の素姓はわからないが、かれの行動様式はいかにも悪僧というにふさわしかった。かれは自分が預所であることの正当性を確認するために、院宣をまんまと獲得するほどの政治力にたけていたが、それだけではない。「非分の庄務」に誇るあまり、舎兄の僧範宗《はんそう》の殺害をたくらみ住宅に発向するという暴力行動にも手慣れていた。このとき範宗は難をのがれたが、住宅にのこっていた東金堂衆の僧が一人殺された。この事件が原因であろうか、俊快は領家尊勝院と不和になり、いったんは院宣をもって預所職をとりあげられた（鎌一五・一一〇六〇）。しかし俊快はこの処分をうまく切りぬけ、荘内に居座りつづけた。彼のタフな精神のまえには、寺の〝全体〟の意向などは問題ではなかった。かれは長い間聖快という悪党を荘家に籠め置き狼藉をつづけていた（鎌一五・一一〇五九）。

のちに俊快・聖快がどうなったかは不明である。しかしその後も「快」の字をもつ僧が悪党がらみの問題で登場してくるところをみると、俊快系列のグループはいぜんとして新荘を拠点にして影響力を保持していたもようである。快春なる僧の起請文が東大寺文書のなかに存在する。後部が欠失しているものの、千々和到氏によれば正和三年（一三一四）の文書であるという。中世の寺院では犯罪者の摘発のために匿名の投書（落書《らくしょ》）が制度化されていた。集会の場でこの投書がおこなわれたさい、悪党に通じるものとして快春の名が誰かによって書き込まれた。これにたいしては、快春は身の潔白を主張しなければならない。そのためにかれは神かけて潔白の主張に

鮎鮨をもらう僧

偽りのないことを誓い、それを紙に書きあらわした。これが起請文《きしょうもん》である。起請文のなかで、かれは落書の記載にいちいち反論している。だから起請文を読むと、どんな嫌疑を寺僧たちからかけられていたか、逆に知ることができるわけである。

快春の悪党引級《いんきゅう》（悪党に通じること）の嫌疑は、まず青蓮寺《しょうれんじ》五郎入道との関係でとりざたされた。五郎入道が年貢のことで問題とされたとき、快春は寺家への申し開きの便宜をあたえた。またそれだけではなく、五郎入道を支援するために他人を相語らい、入道咎《とが》なきの寺内世論を形成するために集会を画策したという。つぎに、五郎入道から「手土産」をもらっていたこと、あるいは「鮎鮨《あゆずし》」をうけとっていたことが指摘されている。鮎鮨について、快春は、「受用の由を落書に載せるといえどもかつてもって跡形なき虚言なり、向後《きょうこう》もまた一物といえども受用すべからず、一言といえども潤色の詞を加えず」と否定している（鎌一三・九六二二）。しかしこの口数の多い打ち消しは、快春の慌《あわ》てぶりを表わすばかりであって、ここからは僧房にかくれて鮎鮨を喰うかれのすがたのほうが、かえって想像されてくるのである。

荘内の名張川では鮎がよくとれたから、悪党らは毎年季節になると供御人として、これを天皇や高級貴族に贄《にえ》として献納するかたわら、鮎鮨をつくって商売をしていた。寺では生物《なまもの》は禁物であるので、表面上収取の品目としては鮎鮨*はあらわれないが、寺僧と悪党を結ぶものとして、人の目にはみえないように奈良へ運ばれていた。

* 中世の人びとが魚を重要な蛋白源にしていたことは、『古事談』の「永超、魚ヲ食フ事」をみるまでもなく、海・川・湿地のおおい日本列島の自然を考えれば当然に推測されることである。だから、僧侶であっても実際には普通に食べていたのであろうが、一方ではケガレをさけて清浄をたもつために、魚肉はきびしくとおざけるべきものと考えられていた。平安時代の宇佐神宮のお使いは、精進所にはいると自身が精進して魚味（調理した魚）を食わないだけでなく、周囲の侍も食べてはならぬものとされていた。おおよそ魚味を食ったものは、精進所に指定された家へは入れなかった。家の建物はそうすることによって清浄がたもたれていた（『兵範記』仁安二年十一月一日条）。また時代がくだるが、文明五年（一四七三）大和菩提山寺《ぼだいせんじ》の衆僧らは一同起請文をもって、「寺中において、ニンニク・ネギ・蕁（?）ならびに魚肉など受用すべからざる事」の一項をちかった。しかしこれが建前でしかなかったことは、安土桃山時代に来日して当時の日本人をつぶさに観察したルイス・フロイスの言を聴けば明らかである。「われわれの間では、デウスに誓ったことを完全に守るべく努力する。坊主らは外面には肉も魚も食べないと公言する。しかしほとんどすべてのものが蔭では食べているのだ。食べないのは人に見られるのを惧《おそ》れるためか、または食べることができないためである」（『日欧文化比較』）。こうした建前のもつ力がつよければ、魚を食うことは、あるいはそのために魚をもらうことは、それだけで十分〝悪〟を構成していた。悪党は本音のところで生きていた。

新荘の悪党

元徳二年（一三三〇）九月の集会で、兵部房快実が黒田新荘の預所の僧でありながら寺敵の悪党であると断定されたことはすでに述べた。この快実も先の鮎鮨疑惑の快春とおなじく、青蓮寺の悪党とつながっていた。青蓮寺の悪党の名は青蓮寺孫五郎入道静蓮、その舎弟八郎、子息弥藤兵衛尉などで、いずれも新荘の悪党であった（『大日本古文書』一〇・一一四号）。東大寺衆徒は寺僧快実が新荘において「名誉の悪党」青蓮寺八郎以下の輩をあい語らい、年貢・正税を犯用し、ほしいままに悪行狼藉をしたと糾弾した。この年の五月、いよいよ烈しい荘内の反抗とこれによる供料欠如のために、新荘の領家尊勝院はついに荘家を惣寺（東大寺全体）に譲渡した。だからこの時点で、預所快実がもつ荘務権はうしなわれたはずである。快実はこれを機に公然と惣寺敵対を開始したのであろう。

このようにみてくると、文永のころ（一二六〇年代）の俊快・聖快と、その後の快春、そして快実という具合に、東大寺には積極的に黒田荘の悪党に結びついた寺僧のいたことに気づくのである。俊快と快実が預所であったことは確かである。快春が預所であった確証はないが、かれの仲間の青蓮寺五郎入道が快実の縁者たちと同族であると思われるから、そうとすれば快春と快実は勢力基盤を同じくする存在であって、両者はきわめて親密な関係にあったと考えられるのである。結局、俊快・聖快・快春・快実は師弟か血縁の関係にある寺僧グループであって、黒田新荘にたいしては預所職を媒介にして勢力を扶植していたとみるのが妥当である。そのうえで、私的に青蓮寺の住民とつながりをもち、寺と荘園をこえた個人的な武力集団をつくっていたと思われる。そして、かれらは武力の維持のために、兵具の生産地である手掻（転害）を支配下においていたのである。

崩れる一揆の「作法」

荘園体制は在地からの民衆が寺院に結合することによって成立したのであるから、この体制のもとで生活する住民の社会関係は、草深い農村のなかに自己を完結することが本来的にありえなかった。わたしたちは、ともすれば悪党の発生を農村のなかに見るわけであるが、それだけではこれまでに見たような寺の悪党は理解できない。そこでここでは、発想をかえて在地の荘園制を寺院社会の構造化としてとらえることにしたい。中世は一揆の時代であったといわれているが、この一揆という結合と行動の原理こそは実は僧の生活原理から発していたものであった。荘民は一揆を組んで寺院本所に要求をのませようとするが、こうした運動自体が在地に自生したのではなく、

一揆的構造とは

寺院社会がもつ〈衆〉の団体観念を基礎にしていたのである。

このような一揆のありようが、寺院社会の在地への構造化をなによりも物語っていた。〈衆〉という共通の団体観念を基礎にしているゆえに、荘園制のもつ寺院本所と荘民との関係はとことん対立したものにはならず、荘民のたたかいを合意された「作法」の枠のなかにとじこめた。こうした荘園制のありかたを「一揆的構造」とよび、ここではこの一揆的な構造のなかに悪党を位置づけるとどうなるか、このことを問題にしたい。荘民の一揆は荘園制の基礎にある名田《みょうでん》の体制が、法的な外皮となって一定の所有を実現するものだけの共同体をつくっていたことと関係している。つまりこの共同体の成員である名主・百姓は荘家を体現するものとして、現地の経営についての訴訟・上申を寺院本所にたいしておこなうことのできる権利をもっていたのであって、そのような権利の行使の形式としてひろい意味での一揆は存在していたのである。だから住民が荘民（名主・百姓）であるかぎり、正しい手続きをふんだ訴訟権の行使（広義の一揆）は、在地と寺院本所との関係を確認し法的に存続させる意味すらおびていたのである。

荘園の時代に在地武士が封建支配者として住民にのぞもうとすると、住民たちは必ず荘の民として一揆を組み、寺院本所にむかって訴訟をおこした。訴訟をおこした黒田の荘民は封建支配をめざす公文《くもん》を「大仏の怨」と指弾し、この「大仏の怨」を東大寺が排除しないのであれば荘民のほうが先祖の畑をすてて逃散《ちょうさん》をしようと訴えている。こうしたことは、荘民が在地の封建支配者にほんらい対抗するために寺院本所に結合したのであるから当然といえば当然であるが、荘民の一揆が内蔵する心的な傾向をよく表わしているものとして記憶にとどめておくべきである。また東寺の供僧が荘民の逃散について「地下《じげ》百姓らの所行……何様訴訟いたし、(寺院本所が)叙用なきのとき、(地下百姓が)逃散するは次第の沙汰なり」といい、手順をふんだ逃散をみとめているのは、荘民の訴訟・逃散の一揆がけっして荘園の制度と敵対しあうものではなく、むしろ荘園の体制を再生産する性質すらもっていたことを表わしている。

ところで荘民の訴訟の手続きの要件としては、百姓らの署名のある起請文を添えることが必要であった。荘民が訴訟をおこすときは、荘の鎮守《ちんじゅ》(黒田荘の惣荘《そうしょう》鎮守は大宅子《おおやこ》明神であった)にあつまって、そこで神水《しんずい》を飲み起請文を書くという誓約儀礼を通過しなければならなかったことはよく知られている。これは個々の人間の利害や事情をこえた全体をつくりだすことによって、訴訟主体の意思を固めると同時にその正当性を確保するためになされたものであった。こうした全体をつくりだそうとする意識が、団体観念としての

〈衆〉の意識にほかならなかった。〈衆〉の意識にささえられた荘民たちは、一味・神水・起請の儀礼によって神の照覧をえ、そうして目に見える集団を、目に見えない精神的なところでも結合させようとしたのである。その場での様子は、人びとは手を扣《う》って神仏に帰《き》命頂礼《みようちようらい》し、振鈴が鳴り響くなか起請文を書き、神水を飲むというものであり、観るものの身の毛のよだつほどの威圧感にみちていた。

こうしてみてくると荘民の訴訟（……一揆）は、第一にその荘民が名田の体制と結びついた身分（名主・百姓）をもつことによって発生する権利であって、荘園制度の一部を法的に構成する制度であったということ、第二にその法的な制度が機能するには、人びとが日常性を脱しなければ実現しえない「一揆」（一味・神水・起請文）を必要としていたというこことがいえる。この「一揆」の根底をなす団体観念としての〈衆〉は、もともとは仏教の僧伽《そうぎや》（僧団）からきていた。*すなわち僧伽の〈衆〉の意識が巨大な大衆をうみだし、それがさらに荘園の在地にまで押し広げられていった。この過程で寺院本所の団体観念が荘民という身分をもつものによって分かちもたれたのである。

したがって荘民の訴訟をうけとった寺院本所も、訴訟にたいする判断の形成プロセスは荘民の意思形成とかわらなかった。訴訟を受理した寺院本所では、僧たちが集会の場で審理をおこない、一味・神水・起請をもって判断（寺命）を荘民にくだしたのであった。要するに、在地の側の訴訟制度と寺の側の審理・判断の両方にわたって、〈衆〉を基底においた一揆という烈しい感情と運動をともなう習俗が深く入りこんでいたのである。荘園制の内部におけるこうした特質を一揆的な構造といっているのである。中世の寺領荘園体制はこの一揆的な構造を内蔵することによって、寺院本所の寺僧集団と荘園現地の荘民集団のあいだにある矛盾を調整し、安定的にみずからを維持・存続させることができたのである。

＊　永村眞氏は中世寺院の僧団がもつ団体観念につよい関心をはらう立場から、東大寺世親講衆の存在構造をあきらかにした（『中世東大寺の組織と経営』塙書房、一九八九年）。世親講は門閥をもたぬ平僧が寺内在住のための拠点としたところであった。講衆の行動は一味神水、起請文での結束、集団的な寺内退去など、後代の百姓村民がみせる一揆の行動と共通していた。僧侶の結合と行動の諸原理は一揆の淵源であった。

訴訟が「濫訴」になるとき

一揆はそれをつくりだす人びとのおかれた立場と事情のちがいを無化して、平等で同一の立場から人間を結集させた。そうして自律的な集団をつくりだすのであるが、荘園体制成立期の荘民集団はいまだひろい意味で寺院大衆に包摂されていたから、その段階では寺の仏神のまえでする一味・神水の儀礼は自分たちの精神を大衆のなかに埋没させ、自律性をうばっていた。ところがやがて、かれらは荘園の身分（名主・百姓）にもとづく集団をつくって、荘の経営について訴訟・上申するようになる。この段階になると、荘民たちは寺院本所から分離独立した一揆の主体となって存在するようになる。しかし正しい手続きをふんだ一揆は寺院本所とのあいだを繋ぐ機能をもつのであって、たがいの関係を切り離す役割をはたすのではない。一揆による訴えに寺院本所が応えない場合は荘民に逃散権があるように、一揆自体が合意された「作法」として荘民にみとめられていたし、またそのことによって繋がってもいた。荘民は「作法」の枠のなかでたたかいを組んでいたのである。

ところが黒田荘の場合は、この構造の耐久性がつよくはなかった。弘安十年（一二八七）には、荘民は訴訟のあるとき然るべき沙汰（その身が寺に参上して、訴訟の趣旨を説明する）を経ずに、「濫訴《らんそ》」という形態をとるようになる。「濫訴」とは「強百姓」や「沙汰人」をかたらい、鐘《かね》を撞《つ》き人をあつめて、嗷々《ごうごう》の沙汰をすることであると東大寺はいっている。この程度の行動では一揆の「作法」を逸脱しているようにはみえないが、実態として寺院本所と荘民の対立は「合意された線」をこえつつあった。あるいは「合意された線」自体が、寺院本所と荘民のあいだになくなってきていたというべきなのかもしれない。

千々和到氏は住民が領主と対立を深めたとき、以前に領主に差し出しておいた請文《うけぶみ》とあい反することに往々なったはずであって、そうした場合請文にある起請の詞をどのように破棄したかという興味深い問題を設定して、村民の唯一の拠り所である一味神水の意味をとらえかえしている。それによれば、領主と対立する村の寄合は一味神水を通して新たな呪縛の場となったのであって、それは「寄合に参加したものが、一方からの呪縛に積極的にとりこまれていくことによって、他方からの呪縛、つまりかつて領主から与えられた呪縛に対抗できる力を獲得する」ということを意味した（「中世民衆の意識と思想」『一揆』4、東京大学出版会、一九八一年）。こうした対抗的な呪縛は地域村落（共同体）の形成という歴史的な事象に対応する民衆の精神的な営みであって、「合意された線」の消滅と濫訴の構えはかような精神的営みにささえられていたと考えられる。

鎌倉時代をとおして荘内の農業事情は、個別的な土地所有とそれを前提にした耕地売買の盛行をもたらし、ついには名の制度を意味のないものにしていった。そうなると名主の身分にある荘民集団が訴訟を「作法」にかなったしかたで管理的におこなうことはできなくなる。荘園制の主要な社会関係は耕地の売買にもとづく寺僧地主の出現にともなって、個々の寺僧と個々の住民（作人）が複雑にとり結ぶ関係へと変化していった。しかもこうした傾向にあせる寺院本所は「惣寺」として結集をはかり、個々の寺僧をしめつけて体制の維持をはかろうとしたり、尊勝院・東南院の領家職をとりあげて直接支配を実現しようとした。こうなってくると、寺院本所の内部に既得権を維持しようとする個人や私的な集団と、その既得権を奪いとろうとする「惣寺」との間にきしみが生じざるをえなかった。

検注反対の作人に味方する寺僧

十四世紀のはじめ、別当一代に二度の検注をするのを反対する荘民たちが、耕作を放棄して起請文を書いて諸社に立願した（東大寺文書一二・三〇〇）。そのさいに、寺僧が荘内の私領作人に立願の用途を出しているのは、この時期の荘民の一揆が寺家対荘家の外観をとりながら、じつはそのようなものでなくなっていることをしめしている。私領に吸着して私的な既得権をもつ寺僧は、「惣寺」の一員としての立場には違背して、この場合は荘民の一揆に与同していたわけである。こうした形での一揆は、一揆のメンバーが外のものと個別的に繋がっているのであるから、その分不安定にならざるをえず、したがって一揆の「作法」からも逸脱しやすい傾向をもっていた。黒田悪党に荘民（百姓）が同調し、一時的ではあれ武器をにぎって寺院本所の神人・公人を襲撃したのは、荘の一揆に「合意された線」がなくなっていたことを物語っていた。

かくして悪党の時代に、東大寺荘園制の一揆的な構造は確実にくずれつつあった。一揆の「作法」は私的な利害と恣意を背景に、伝統と権威と秩序に敵対する「武」的なものによってふみにじられていった。組織も境界もない悪党の群れが、その群れにただよう反逆の気分と一緒に、あらゆる体制のリンパ節に発生し、あるいはながれこみ、権力を機能しなくしていったのである。

満寺一揆のあやうさ

悪党の跳梁と武家権力の機能不全にちょうど照応する鎌倉末期、東大寺ではさかんに満寺一揆という言葉が使われだした。これが惣寺の結集強化を表わしていたことは明らかで、寺領荘園体制の全機構に浸透しつつある悪党の跳梁をおしとどめ、なおかつ在地の反逆を粉砕するためにみせた寺の構えにほかならなかった。しかし嘉暦二年（一三二七）十月に満寺一揆の体制の内部に悪党対策の特別チームを発足させたことは、この構えがすでにほころびていることを逆に物語っていた。

悪党引級の仁が寺辺にいることは、かねて風聞ひとつにあらず、集会をするも議決事項は漏れて実効性がない。今後特別チームの評定《ひょうじょう》が中心になって悪党対策にあたる。討議内容はたとえ別当・院主であっても披露はしない、いわんや余人には口外はしない。チーム構成員のこうした認識と決意は、寺内のほころびがきわめて重大なところにまできているることを示していた。俊快・快春・快実のように、現に荘（新荘）の管理者クラスの寺僧が悪党に気脈を通じ、あるいは悪党の一味となって立ちあらわれる状態であったから、寺辺に悪党的な気分が蔓延していても、いっこうに不思議ではなかった。黒田坂の事件のあと、衆徒が満寺一揆の力をもって、一挙に軍事的決着をこころみようとしたものの、ついに実行できなかったのは、荘園を支配するための権力がすっかり空洞化していたからばかりでなく、なによりもその空洞化が、誰の目にもみえてしまったからにほかならなかった。

一揆の「作法」がくずれ去ってしまったあと、悪党は武装したすがたで歴史に登場してきた。

武装の行粧

甲冑を着る

ある相論

山城国綴喜《つづき》郡の飯岡荘というところで、田地の所有権の移動にともなってひとつの相論（訴訟）が発生した。寛喜のころ（一二二九〜三一）のことである。この相論のことについて記した春日神人《じんにん》左兵衛尉紀高綱《きのたかつな》陳状案という文書が『福智院家古文書』のなかの一通にある。この文書から事態の推移をみていくことにしよう。

先年に巫女《みこ》四郎というものが、水田一反を質にして左兵衛尉紀高綱から利子付きの米を借りうけた。紀高綱は春日社の神人であり、また興福寺西金堂の寄人《よりうど》でもある。巫女四郎はこの宗教性をおびた高利貸し資本家からの負債を、数年をへても返すことができず、ついに利米十石の代に質物の水田を高綱に渡し流した。ところが巫女四郎は、この質物水田を綴喜郡草内《くさち》郷の講衆三十人（郷内の村堂の講衆であろう）にたいしても担保設定して仏物をかりていたから、高綱がこの水田を点定（土地・家屋や農作物などを差し押えたり、強制的に没収すること）しようとしたところ、講衆からクレームがついたのである。この出来事は一つの処をもって諸方の質物とした場合、借書の年紀の先のほうに権利があるという当時の慣習のおかげで、高綱にとっては小さなトラブルですんだ。

高綱に折れた草内講衆はあらためて、両三年のあいだ仏事の財源として、巫女四郎水田の領作したきを請うた。高綱はこれを了承し、講衆の領作をみとめ、期限のきれるのをまった。やがて期限満了となり、ようやく高綱自身が領掌することになった。ところがである。いよいよ領掌の段になって、こんどは荘の公文《くもん》である草内紀藤五《きのとうご》がストップをかけてきた。荘民の出雲男の未進の代であるとか、巫女四郎に荘の未進があったとか、あるいはなかったから反対に質として流すわけにはいかないとか、前後矛盾したことをいいながらも、とにかく高綱のもとへ水田の所有権が移動するのを阻《はば》もうとして訴訟にでたのである。

この種の訴訟では、訴人は一人であるのが普通であるが、この場合は紀藤五からはじまって、さきの出雲男・源重綱《しげつな》、そして行尋《ぎょうじん》とつぎつぎに替わった。こうしたことは、道理のない訴状に名前をのせるのが苦痛だからであると高綱は考えているが、かれらが「在郷の集会」という寄合いをもっていたことを考慮すると、そうとばかりはいえない。すでに述べたように、高綱は春日・興福寺系の神人・寄人である。かれのような高利貸し資本家のもとに荘田が質流すれば、荘外のものが地主となって在地の土地の所有関係に食い込んでくることにもなろう。そうなれば在地の共同体秩序は根元から掘り崩されることになる。幾人もの住民が訴訟にあらわれたのは、そうはさせないための話し合いによるものであったとも推測されるのである。

〝悪〟のすがた

飯岡荘での左兵衛尉紀高綱と荘民との相論は、その係争地がわずかに一反であるにもかかわらず、簡単には解決しなかった。それどころか、荘民たちが法廷に提出した「申状」の内容には高綱にとって、黙視しえないことがらが記されていた。それは高綱が係争地の作毛を刈り取ったさいに、かれが自分のことを御家人であるといい、軍兵を率いていたというのである。南都の寺院につながるものの御家人云々されることが、いかに具合が悪いかは東大寺に家を焼かれた黒田荘民の例をあげるまでもない。それとももう一つ、「軍兵」のことをいわれるのが、当時の法の観念あるいは秩序の意識にてらして、いちじるしく不都合であった。

では「軍兵」のなにが不都合なのであろうか。それは高綱が荘民の申状に反論して、

「この時まったく、軍兵を引率せしめず、また甲冑《かっちゅう》を帯せしめず、日中のことにて、その隠れあるべから（ず）」と述べているところに、表わされている。高綱がわざわざ「甲冑」「日中」をいうのは、これらのことがらがことさら重要な意味をもっていたからにほかならないからである。「軍兵」の不都合はまず「甲冑」「日中」の意味と結びつけて理解されねばならない。結論からいうと、民間においては平時（つまり「日中」）に私人が武器・武具を身につけることは、禁忌に満ちた不吉な行為であったのである。そしてこの武器・武具・「甲冑」を身にまとった姿が軍兵であった。

武装のすがたがそれ自体、当時の人びとのあいだで悪しきものと考えられていたことは、村を襲う悪党のすがたがしばしば甲冑・兵仗を帯したものとして、史料にあらわれることからも推測される。播磨の大部荘《おおべのしょう》に押し寄せた盗賊領主の垂水繁昌《たるみしげまさ》一味は、荘民たちによれば、「数百人の悪党を引率し、甲冑を鎧《よろ》い、弓箭《ゆみや》を帯し、楯をつき、鉾《ほこ》をぬいて」いたという。こうした武装の姿はそれだけでも、繁昌一味の〝悪〟の一部をたしかに構成していたのである。だからこそ荘民は悪党のいでたちを、狼藉の行為とは別に詳しく記した。そのように考えると、紀伊の名手荘・丹生屋《にうや》村の相論で丹生屋村の領家である粉河寺《こかわでら》が述べたことも興味がもたれる。椎尾山の畑をめぐって名手荘と丹生屋は対立していたが、そのさい粉河寺は名手の荘官らの非をならすために、ここでも荘官らが甲冑を着し弓箭を帯したといいたてたのである（鎌八・五九一一）。

名手荘の領家である高野山は、「兵具の子細」については荘官が説明するだろうといい少しばかり逃げをうったふぜいであるが、それでもなお気をもちなおして「甲冑の軍勢におよぶ」という申状は「虚誕」であると強く否定した。この否定の心理は、さきの飯岡荘の高綱が武装を指摘されたさい、「申状の条々、その恐れもっとも甚だし」とはげしく反発した心の内面に、明らかに通じていた。のちに名手住民の名前は、粉河寺の手によって狼藉《ろうぜき》人交名注文としてまとめられ、法廷に提出された。この注文の事書で粉河寺は「高野山領名手荘の住民らが弓箭を帯し、甲冑を著《ちゃく》し」ていたことをわざわざ冒頭に特記し、用水堰の破壊・打擲《ちょうちゃく》刃傷《にんじょう》といった事項とともにことさら名手荘住民の〝悪〟を印象づけようとした。*この〝悪〟の印象づけは、小さな事件（丹生屋村のものの鎌・腰刀・着衣を奪い、あまり具体性のない「刃傷狼藉」をしたという事件）をきっかけに、名手荘住民の交名を〝悪党〟交名注文にかえるまでの力となって作用した（鎌一〇・七三二八、七四一六）。

＊　平安時代のある貴族は、寺の大衆が禁闕（皇居）に推参したとき甲冑を被り弓箭を帯していたことを問題にして、「あい禦《ふせ》がるの条、またもって然るべきか」と考えている（『中右記』天仁元年三月

二十二日)。大衆が武装の姿をとった場合は、行動ではなくその姿を理由に、王朝政府は大衆にたいして武力の行使をゆるされると考えていた。このときの大衆には軍事行動の気配はみられなかった。要するに甲冑・弓箭だけをもってして国家の武力行使の対象となるべき〝悪〟と観念されていたと考えざるをえないのである。

甲冑の異形

見せるための武装

甲冑《かっちゅう》を身にまとい、武器を帯びることが、それだけで忌むべき〝悪〟を構成していたのであれば、武装のすがたは〝悪〟の反秩序性を表現する〝異形《いぎょう》〟とも通じていたはずである。なぜならば、〝異形〟は〝悪〟なるものが外形化された場合に使われる概念であるからである。ではこの〝異形〟であるということは、人びとの暮らしとの関係でどういうことなのか。すこし具体的に異形の様をながめてみたい。

十一世紀から十二世紀にかけて、わが国の荘園制は権門貴族のたんなる経済システムとしてだけでなく、社会の秩序意識——それは国家へつながる秩序意識——を、非常にルーズなものではあれ、かたちづくる柱として確立された。この確立の過程にみられた民衆の反抗運動は、国衙・封建階級に抗して中央の大寺社に身柄と土地を托身・寄進する運動であったから、結果的にはこの運動力が下から荘園体制をつくりだすことになったのであるが、しかしそこに見られた人間の行動様式はまことに注目すべきものであった。

寺院の庭にはことが起きるたびに、鐘や貝を合図に、さまざまの僧と半僧半俗の俗務雑人、あるいは荘園からの兵士たちが、さわがしく集まった。みるみるうちに、群衆はふくれあがる。かれらのいでたちを見ると、どの僧も袈裟《けさ》で覆面をしている。この覆面（裹《か》頭《とう》）はそれ自体に、常の人にあらざる心的状態のなかで一個の全体意思を生みだす仕掛けとしての意味があるのだが、ここではたとえば承安三年（一一七三）の興福寺大衆の集会が「皆ことごとく、甲冑を着す」といわれたように（『玉葉』）、僧が武装して境内にあらわれたことの意味を注意したい。堂舎からは修行念誦《ねんじゅ》の声がかすかにきこえるだけの、ふだんは森閑とした境内である。*悪僧は赤や黒の毛引の縅《おどし》も派手やかな鎧・腹巻で身をかざり、そこにおどりでるのである。

＊　良遍なる僧は東大寺知足院のことについて、「幽閑を好むの輩を常住の人と為し……不便の高声戯笑のひとは、はやく他所に住せらるべし」といい（鎌一〇・七三八三）、また貞慶は僧房生活の心得

として、他人の部屋にはいって無益の雑談をしてはならないことを述べた（『勧学記』）。中世ヨーロッパの修道院でも、厳かな静けさは、礼拝を告げる鐘の音と敬虔な者たちの歌声によってしか遮られることはなかった。修道士たちは、神と語るか、神について語るためにしか口を開かなかったという（ハンス＝ヴェルナー・ゲッツ『中世の日常生活』）。

比叡山の悪僧祐慶《ゆうけい》は、天台座主《ざす》が流罪に処されたことに抗議して、座主の奪還を大衆にうったえた。そのときの彼のいでたちは、『源平盛衰記』によれば「三枚兜《かぶと》ヲ居頸《いくび》ニ著《き》ナシ、黒皮威《おどし》ノ大荒目ノ鎧、三尺ノ大長刀《なぎなた》ノ茅ノ葉ノ如クナルヲ杖《つえ》ニ突（ク）」といったものであった。藍を深く染めた黒い皮で、幅広の札《さね》をあらく威す鎧は、かなり奇抜な趣向である。しかも異本では「大荒目ニ金マセタル」とあるから、大袖・胸板・栴檀《せんだん》・草摺《くさずり》などには照り輝くばかりの金具が打ってあったのであろう。この派手な甲冑の姿こそ、寺院のあるべき秩序、つまり静寂をぶちこわす悪僧の行粧《こうしょう》にほかならなかった。寺の僧は荘園制の形成運動の基底において、だれもがなにがしかの私領を所有していたから、その私的経済基盤にみあった自立性（主権性）をもっていた。多かれ少なかれ僧房には武器がおかれ、武力がたくわえられるようになっていた。しかし、それは「賊難を防がんがため」であるから、「尋常の時」は腰刀をたばさむことは禁じられているし（鎌六・四三二八）、寺の大事のほかは帯してはならないものとされていた（『平安遺文』九・四八九二）。

これにたいして、悪僧の武装は明らかに趣を異にしていた。それはひとの目を意識したものであって、見られなければ意味がないのである。それは寺内にあらわれた過差の風にも似ており、あるいはバサラに通じ、それ自体がどぎつく賑やかに、人びとの神経をたかぶらせる効果をもっていた。悪僧はその効果をねらって武装し身を飾ったのであるから、ひとの目をひかなければ満足しなかった。

武装にまつわるこうした心性は、中世をつうじて、都市遊民・アウトロー・盗賊たちの美意識となって、自己を表現しつづけた。鎌倉末期の播磨の悪党がもつ弓箭・兵具は、「金銀ちりばめ、鎧・腹巻、てりかがやくばかり」であったという。武装がたんに戦闘のための準備ではなく、他者の目を意識した表現である以上、甲冑に〝異形〟性があるのは当然であった。幕府が洛中祭礼の飛礫を問題にしたとき、六波羅探題をつとめていたのは北条重時である。そのかれが自らしたためた家訓のなかで、「大なる太刀・かたな・人めにつくくそく（具足）、もち給ふへからす、人のにくむ事にて候」と述べているのは意味深い。かれは甲冑の〝異形〟性を支配者の立場から、感覚的にしかし明瞭に気づいていたのである。

春日神社の社頭にたつ甲冑異形の輩（『春日権現験記絵』）

正安３年（1301）３月、悪党が社内に乱入して神鏡14面を強奪した。このときの社頭の状況である。名前からして風変わりな鬼王兵衛とその一味の、社頭を汚した甲冑姿もこのようなものであったのだろう。

弘長元年（一二六一）春日神社の境内に太刀・腹巻を帯した異類異形の徒輩が歩きまわり、大問題になった。太刀・腹巻の〝異形〟性はこの場合、折烏帽子をもちいて黄衣《こうえ》（春日神人の服装）を着ず、四一半《しいちはん》（博奕）・殺生・偸盗《ちゅうとう》などの「不可思議」の振る舞いをみせるようになった神人らの気風と一体のものであった（鎌一二・八七三二）。それだけに兵具の無秩序な着用は、それ自体体制の側の支配者にとってケガレにも通じる罪であると考えられた。武具を帯して社頭にあらわれた鬼王兵衛とその所従は、交名をもって身元をたしかめられ、清祓《きよはらえ》をおこなわれた。そのさい、所領の当年分の作毛は祓の祭物料にあてられ、下地は大社回廊の修理用途にあてがわれた（『中臣祐賢記』文永九年八月十六日）。またこの一件では、鬼王兵衛の武装を知っていながら社家へ通報をしなかった神人春行が住宅を破却された（同、文永九年八月二十四日）。

祭りと武装と闘諍と

異形が反秩序的であれば、日常性として存在する秩序は、その異形によってくつがえされていくはずである。日常がくつがえり非日常に転換する場、つまり秩序らしいものがなくなった混沌の場、いかがわしさと猥雑のうずまく場、そして物騒がしさと殺気にみちた闘諍《とうじょう》の場に、〝異形〟が分かちがたくイメージされるのはこのためである。洛中の祭礼には、「むかへつぶて（飛礫）・いんじ（印地）・いふかいなき辻冠者原《つじかじゃばら》・乞食法師《こつじき》ども」による闘諍騒ぎがつきものであった。そのさいのかれらの格好は「多く冑《よろい》・腹巻を著し、また白布をもって頭を結い、また菖蒲薦《しょうぶこも》等をもって背に結い付ける」というものであった（『明月記』嘉禄元年六月十五日）。ここでの闘諍はある目的を実現するための手段としてひき起こされるのではなく、闘諍それ自体が目的となってくりひろげられたのであった。

闘諍は戦争ではなく神事であり、祝祭であったことは明らかである。したがって、そこで甲冑を着たり、武器を手にもつのは、神事・祝祭が日常的な秩序感覚を一時にひっくりかえす場にもっとも相応《ふさわ》しいからである。武装することの忌むべき〝悪〟は、ここでは欠かすことのできない必要な要素となっていた。ときの権力空間の安定性に脅威を加える側面が、民衆にとっての祭りの場には絶対に必要であったのである。このことを祭りにたいする意味論的な解釈からいうならば、ひかりきらめく武器をもち武装することに、匂いのつよい菖蒲を身につけるのと同様な、邪気をはらう呪的効果が期待されたのである。もちろん、それが武装の延長上に発生する印地・闘諍にも期待された。幕府が飛礫を禁止したから飢饉がおきたという洛中雑人の言い分がそれを語っている（鎌六・四一一八）。

元弘二年の祇園御霊会

中世の祭礼につきしたがう武的要素は、ときとしてきわめて重大な政治的暴動に転化する可能性をひめていた。このことは、十分に注意する必要がある。元弘二年（一三三二）六月の祇園御霊会《ぎおんごりょうえ》のときの洛中は、ただならぬ緊張につつまれていた。『花園天皇日記』によれば、祇園御霊会の桙《ほこ》（鉾）等、兵具を止めるべきの由を、武家が天皇に奏聞した。その結果、白河・山崎辺であろうが、処々からの鉾はしずかなものとなった。例年であれば、風流をつくした鉾のまわりは、きらびやかな武装の行粧と賑やかな囃子《はやし》につつまれていた。それが、兵具（武装）を禁じられ、無音の行進をしいられたのである。ただ鼓《つづみ》をたたくばかりであったが、これも止められた。

六波羅はこうまでして、なにを恐れたのだろうか。それは前年いらいの政治的な緊張を考慮すれば、おのずから察することができる。元弘元年（一三三一）の九月、討幕戦にふみきった後醍醐天皇を笠置山にとらえ、十月には楠木正成のこもる赤坂城を落としたものの、正成は行方がわからなくなっているし、翌元弘二年（一三三二）には比叡山からにげた護良《もりよし》親王が紀伊の山中で勢力をたてなおしつつあった。そして驚くべきことには、祇園会のころに護良が京中にひそかに入っているという噂がみだれとんでいたのである。あせる六波羅は「頸」（笠か）・帽子を禁じた。市中通行人の被物《かぶりもの》をはぎとって、護良の発見につとめた。このため、洛中のあちこちでは六波羅武士と祭り気分の雑人が喧嘩《けんか》をおこしていた。

祭礼のときの雑人群衆は普通でさえ、神輿渡御《しんよとぎょ》の行列にくわわりながら、飛礫の輿をもよおすあまり、これを規制する武士におそいかかり打擲することがあった（『勘仲記』建治二年七月十八日）。しかも群衆は武装している。このことを考えると、護良が祭りの興奮をもって暴動状態をつくりだすために、洛中に潜伏したというのは、いかにもありうることであった。そういえば、正中元年（一三二四）の陰謀事件の核心も、北野祭の喧嘩・闘諍に乗じて、土岐と多治見が六波羅を急襲するというものであった（『花園天皇日記』元弘四年九月十九日）。このことも北条時益《ときます》・仲時《なかとき》の両探題の胸中にただちに想起されたにちがいない。鎌倉権力はなにがなんでも、祇園会の祭りそのものを、徹底的におさえこむ必要があったのである。

武器をもつ芸能

中世の民衆が武器や武具を身につけるようになったのは、平時においてそれが〝悪〟である以上、日常の争いごとが直接の契機になったとは考えにくい。もちろん十一世紀のころから、伊賀の板蠅杣《いたばえのそま》をねぐらにする杣工・浪人のように、国司へ矢を射かけたという事例はある。しかし武装というものをただちに、目的実現のための手段としての戦争に結びつけるのは、あまりにも近代的な発想ではなかろうか。むしろ日常にはない場面を想い浮かべるべきであろう。そのような意味で、祭りの場での甲冑を注目してきた。ここではさらに、芸能の場での甲冑・具足について、観察することにする。

徳治三年（一三〇八）の八月二十二日、大和の法隆寺では別当の拝堂の儀がおこなわれた。このとき聖霊院の前では、若音《わかね》の稚児《ちご》・猿楽衆《さるがくしゅう》による延年がもよおされた。翌二十三日には、別当坊のまえで延年・田楽・風流がみられた。田楽は一〇人の成業（学問を成し遂げた）寺僧が演じ、風流には猿楽衆と若音の稚児があたった。供奉の稚児は七人、みな管弦の奏者で鎧を着ていた（『嘉元記』）。延慶三年（一三一〇）四月五日、寺僧下﨟《げろう》分の弓風流という催しが西薗院の前でひらかれた。出演者の大衆のうち浄泉房は「コテ・ハラマキ・ヌキヨロヒ（?）」の姿をしていた。稚児役の春力殿・春乙殿はともに赤糸威しの鎧、金剛殿・石松殿は萌黄《もえぎ》威しの鎧で身を飾っていた。

また、元応三年（一三二一）九月二十五日、聖霊院で雨悦（八月以来の祈雨による降雨を感謝する意味であろう）の番論義がおこなわれると、そのあとに延年・風流が催された。風流に供奉する稚児四人は腹巻にて太平楽《たいへいらく》を舞った。ついで出し物は陵王《りょうおう》とつづき、納《の》蘇利《そり》でおわった。太平楽は甲冑を着用する芸能演目であったらしく、貞和五年（一三四九）新庄堂の創建供養にも「ヨロヒ四両（領）キテ」太平楽が舞われている。多武峯《とうのみね》にも実馬・甲冑を用いた八講猿楽（具足能《ぐそくのう》）がおこなわれていた。甲冑を行粧にして演ずる多武峯様の猿楽は、華美を競う傾向のつよい延年の影響をうけたものだろうといわれる（天野文雄「延年風流」『日本芸能史』2、第五章部分）。

中世の芸能のうち延年風流に融合するものに田楽《でんがく》がある。永長元年（一〇九六）六月には十数日にわたって、洛中は田楽《でんがく》の狂騒乱舞につつまれた。高足《たかあし》・一足・腰鼓《こしつづみ》・振鼓《ふりつづみ》・銅拍子《どびょうし》・編木《びんざさら》・殖女《しょくじょ》・舂女《しょうじょ》の類い、日夜たゆることなしといったありさまであった。曲芸的な散楽《さるごう》をまじえ、楽器を打ちならしながら、舞い踊る群衆はみな狂えるごとく、けだし霊狐の所為としか思えなかったという。大江匡房《おおえのまさふさ》はこの騒ぎに不吉を感じ「妖異の萌《きざ》すところ、人力およば（ず）」とその不思議な力におののいた。田楽はその後ながきにわたり、寺院神社の祭礼でおこなわれ、民間のなかでは時に爆発的な流行をみた。

この種の乱舞が爆発的に発生すると、そのあとには変事・動乱がおきるといわれるようなことがあった。鎌倉幕府の崩壊まえ、北条高時が田楽にうつつをぬかしていたことは有名である。そして、『太平記』によれば貞和五年（一三四九）上下貴賤があげてこれをもてあそび、六月には四条河原で大田楽が挙行される。大群衆をささえる桟敷がくずれ、河原は一転して阿鼻叫喚《あびきょうかん》の修羅場《しゅらば》と化した。天狗《てんぐ》の仕業《しわざ》であったという。そのあと、はたして観応《かんのう》の擾乱《じょうらん》が勃発するのである。田楽と変乱の関係について、三隅治雄氏が「何かものを動かす呪力が田楽に備わっていて、だから人をも狂わし、また世の中を動顚させることもあるのだと考えた」と指摘されているのは的確である（「民俗芸能の歴史的展開」『演者と観客』日本民俗文化大系7、小学館、一九八四年）。

けれどもこの指摘は、中世芸能のありようとも関連するが、田楽に限定されるべきではなく、ひろく芸能という行為自体がもっていた属性のようなものと考えたい。守屋毅氏の言われるところの、芸能一般の「物狂い」の観点が必要かとおもう（『中世芸能の幻像』淡交社、一九八五年）。そしてこの「物狂い」の心的状況にひとは変乱の不吉を感じとったのである。もちろんこれが天狗の活動につながることはいうまでもない。『天狗草紙』に世を攪乱する天狗のすがたが活写されている。それらのうち多くは人びとの「物狂い」のさまを操るすがたであった。

悪党の武装

「武」の禁忌をやぶる

鎌倉時代の荘民の一揆は、寺院本所と荘家とのあいだに合意された「作法」にのっとっているかぎりは、甲冑を着たり弓箭・兵仗を帯すことはなかった。これは一揆が荘園制の一揆的構造を前提にしているからで、物理的に相手の戦闘力を破砕するところに目的があるのではないから当然ではあった。しかし一揆が「武」をともなわないというルールは、一揆的な構造の解体のなかで消え去っていった。一揆的構造の一面ではたしていた秩序の機能は停止し、荘園社会は全体として混沌の状況へとはいっていった。そうして秩序に反逆する腕力としての「武」が、悪党の跳梁という形態をとってはなばなしく登場してきたのである。それはさきにも述べたような武装をめぐる禁忌を、まさに踏み破って登場してきたのである。

近江国の葛川《かつらがわ》の住民は山徒（延暦寺衆徒）の房人になってからは、過差過分がこうじ不敵の心のおもむくままに、武芸をこのみ弓箭を帯したというが、十三世紀後半の社会混沌化にともなって凡下《ぼんげ》・住民の武装化はきわめて広範に進行した。もともと中世の人間は、主人のイエのなかにあって人格的に隷属するもの以外は、おのれの主権性を表示するものとして武器をもちあるいていた。百姓であっても、矢野荘の十三日講で刃傷沙汰をおこした藤内三郎のように、腰刀を所持することなどは普通のことであった。だから日常の生活での武器の所持をもって、ただちに社会混沌化にともなう歴史的な事象とみるわけにはいかない。けれどもこのことが、体制の秩序にかかわってくるとなれば、事情は異なるはずである。凡下の武装化とは、秩序への反逆という新たな質をそなえて、歴史的にあらわれてきたのである。

弘安元年（一二七八）四月、春日社の神人が宇陀《うだ》の所領に下向したところ、そこで「散々に打ち」あうというトラブルが発生し、その続きであろう、後日に神人がふたたび下向すると、今度は郷民らは「物具《もののぐ》ヲシテ」迎え撃つ支度をしていた。やむなく神人は奈良へ罷《まか》りかえったという。村民がどのような契機で、いかなるところから物具（武具）を手に入れたかは、直接に物語る史料がすくないために、ほとんど分からないのが実状である。それでも以下のことは村民の武装のありようを想像させてくれるものとして貴重である。ひとつは、黒田荘の事例である。観俊・覚舜以下の輩は不敵の反逆のあまり、本所一円の支配下にあるはずの在家を接収して、そこに武具・兵仗を集めおき弓箭・楯・鉾を調えたという。そうして寺用の年貢を運送せず、十二大会《じゅうにだいえ》等以下の仏神事の料物を打ちとどめた（徳治二年九月東大寺衆徒申状土代）。

ならずもののいでたち

土民の在家が盗賊武士の武器の貯蔵場所となっていたことは黒田荘の事例で明らかである。悪党がことをおこすとき、住民の在家が武器・武具の貯蔵場所にされたのであるから、当然に在家の持ち主である住民（土民・村民・凡下）は、集められた兵具を身につけたであろう。かくして気を大きくした住民たちは、金王盛俊・覚舜・清高・道願・仏念らの一団に与力し、寺院本所の役人を黒田坂に襲撃したのである。

つぎにもう一つは、伊勢国の光明寺文書にある度会郡《わたらいぐん》尾崎村の事例である。長祐・長遍なるものは、村の祭礼の出し物である「郷々の風流」に凝りすぎたあまり、鎧の表帯に般《はん》若蔵《にゃ》（光明寺内にあるか）の御経箱の緒をとりもちい、さんざん切り損じたうえに一筋紛失したという（鎌三〇・二三二五七）。この両名のものは「風流の兵士」として鎧の姿になった。そのさいに美しい組み紐でもあったか、お経の箱の緒を持ち出して甲冑の表帯に使ってしまったのである。かれらが村の凡下住民であるとすれば、日ごろ鎧を私有していたとは考えにくく、「風流の兵士」の役を勤めるもののために村が管理していた鎧を、祭礼のときだけ出して着たと考えるのが自然である。おそらく想像をたくましくすれば兵具というものは、戦闘の用具ではなくて祭りの道具として、村の管理のもとに郷々の社殿に置かれていたのではなかろうか。

それがやがて都市の印地の輩のように武勇・ならず者のいでたちとして着用され、闘諍の用具になっていったのであろう。祭りの一件後、長祐らは数百人の弓箭・兵仗で武装した悪党をかたらい、御経箱を収蔵する般若蔵そのものをこぼちとろうとし、検非違使《けびいし》が狼藉をしずめようとしたが、かれらの威猛はおとろえることがなかった（鎌三〇・二三一八三）。以上のふたつの事例から、社会の混沌と悪党的な状況のなかで、凡下住民が武器をもつにいたるプロセスを想定してみた。

甲冑を脱ぎ捨てる

元弘から南北朝の内乱時代にはいると、凡下大衆の武装化は飛躍的にすすんだ。それは大規模な戦乱の継続が人びとの生活を脅かす反面で、敗残の兵から兵具を手に入れる機会をここかしこに与えたからである。だいたい密集した軍勢が、なにか意表をつかれて瞬時にしてくずれさった場合などは、兵どもは蜘蛛《くも》の子を散らすように潰走する。そのさいに誰もが武器を放り、甲冑を脱ぎすて逃げるのである。河内国の赤坂城を攻めた関東の軍勢は、楠木勢の奇襲をうけて総崩れとなり、石川川原をめざして逃げしりぞいた。ちりぢりになった兵が通ったあとは、『太平記』によると「其の道五十町が間、馬物具を捨たる事、足の蹈《フミ》所もなかりけ（り）」というありさまであって、おかげで地元の東条一郡のものたちはにわかに金回りがよくなったという。散乱する兵具をかき集めて、売りにでも出したのだろうか。

当時の人びとは甲冑を着たり脱いだりするのに、どの程度有職《ゆうそく》（作法）にのっとっていたかははなはだ疑問で、むしろほとんどの戦士にとって軍装のための有職などは存在しなかった。六波羅の軍勢に急襲された多治見《たじみ》の宿所では、家人の小笠原孫六は「腹巻取て肩になげかけ」二十四差たる胡簶《やなぐい》（えびら）と繁籐《しげどう》の弓をひっさげて、門のうえの櫓《やぐら》にはしり上がり応戦した。名和の一族のもの五人は、やはり「腹巻取て投懸《なげかけ》投懸、皆高紐しめて」名和の湊に着船した後醍醐天皇をむかえに走った。これらは甲冑のなかの腹巻の事例だが、いかなる甲冑であってもことに臨んですばやく（投懸るように）着たのである。

『春日権現験記絵』にある興福寺寺僧の私僧房縁側にうたた寝する房人のすがたは、甲冑を身につける素早さを暗示していておもしろい。夜討にそなえての宿直でありながら、かの房人は甲冑を着ることをせずに、敷物のようにしてその上に体をもたれかけている。しかし手からは離さないでいる。敵の侵入があれば、ただちに彼はその畳胴の鎧を着し、手の届く範囲の弓・やなぐい・楯を取って戦闘の態勢をとったのだろう。また『男衾三郎絵詞』には武士どもの旅の途中に悪党におそわれ合戦する場面が描かれているが、そこで興味深いのはすでに戦いの状態にあって、おおいそぎで鎧櫃から甲冑をとりだし着ている様子が描かれていることである。中世の兵（武勇の輩）は毎日の生活が集団でなく組織的でない。また行動に計画性がすくないから、多分に場当たり的で突発的な闘諍をおのれの生業（職能）としていた。そのような事情が、すばやい甲冑の着用を必要としたのだろう。

兵どもの甲冑を着ることの速さは、彼らが脱ぐことにおいても、すばやい技をもっていたことを推測させる。建治二年（一二七六）の暮れもおしつまったころのある夜、丹波国大山荘に隣荘から「強盗人」が夜討をかけてきた。これに対し「土民」らが「起き合しめ、ふせぎ戦うの刻」、強盗人は手負をうけひきあげていった。そのときかの強盗人は、甲冑を脱ぎ捨て、宮田庄に逃げこんでいったという（『大山村史』史料編五九五）。民間の武勇

合戦の現場で甲冑を着る（『男衾三郎絵詞』）

武士たちは旅の途中で山賊の攻撃に遭遇した。すでに合戦がはじまっている。そのような状況のなかで唐櫃から甲冑をとりだし身支度をする。この時代の武士はすばやく応戦するための身のこなしを平素からやしなっていた。

の輩・悪党のこうした兵具を着たり、脱いだりする素早さは、もともと武装というものが支配階級の独占ではなく、民衆のあらっぽい生活のなかでおこなわれていたことを想わせるのである。内乱の時代にはいると、合戦に負けた兵が兵具をなげすて脱兎のごとく逃げ散る。戦の庭ではいたるところで、兵具が散乱した。そして、そのようなことがひろい範囲で何度でもおこなわれ、そのたびに武器はだれの手にも入るようになっていった。かくして民衆の武装はさらに大きく進行していったのである。

内乱の風景

楠木の勢力

十三世紀の末期になると、村や荘園のなかには城郭がつくられ、反逆無頼の地侍・寺僧・山伏・博奕打《ばくちうち》らが寺院本所の役人たちとこぜりあいをし、世の中はにわかに騒がしくなっていった。悪党の跳梁に手を焼く寺院本所は国家の警察力をたのみ、これを荘内に導入して反抗を押さえ込もうとし、治安の確保につきな幕府も、動きたがらない御家人の尻をたたいて、懸命になって城郭の破却につとめた。

土豪の住宅・城郭

中世の社会には甲冑で身をつつみ武装することが不吉な行為であり、それだけで〝悪〟を構成していたことはすでに述べた。城郭を構えることは、伊藤一美氏によると、住宅が武装することであるというから、そのことが身体を武装することの拡大した形態とみることは無理な飛躍ではない。もともと平時の武士の住宅は案外に開放的で、これまで考えられてきたような軍事施設ではない。しかし、悪党の時代になると楯をつきならべるなどの手が加えられて、城郭として用いられるようになるという。それはまさに、〝悪〟の武装すがたの甲冑から城郭への拡大とみることができるのである。

この拡大の意味を権力との関係で説明するとつぎのようになる。つまり城郭はその場かぎりの闘諍とはことなり、「武」の継続的状態を実現しているから、軍事・警察力として武力を独占しようとする幕府権力とは、他のなににもまして深刻な矛盾にならざるをえなかった。しかも「楯突く」という言葉はいまでも使われるが、これは楯をついて城郭を構えることで、一般に抵抗し敵対することを意味している。だから城郭を構える（楯突く）行為は国家の武力の独占をおびやかすだけでなく、権力への敵対の契機をもふくんでいたとみなければならない。土豪・地侍の凡下をふくむ武装集団化と、かれらの城郭を構えることは、それ自体がはじめから違法の顕現であったのである。こうした違法の顕現は、それをまえにして幕府が無力であるということが露呈さえすれば、城郭が存在するというだけでつぎはもっと大きな幕府への打撃力になった。

後醍醐《ごだいご》天皇は鎌倉幕府討滅の兵をあげた。これに呼応して楠木正成《くすのきまさしげ》が河内国に蜂起したのはよく知られている。かれは村の悪党が構えるのと同じような城郭をつくり、そこで押し寄せる関東の軍勢とたたかった。

正成の戦いぶりは社会の悪党状況と密接に結びついていたとよくいわれる。それは具体的にはどのようなことであったのだろうか。赤坂から千早籠城戦にいたる戦況の推移をたどりながら、考えてみたい。かねてひそかに勅命《ちょくめい》をうけていた楠木正成は、後醍醐の「天皇ご謀叛」を知るとただちに手持ちの軍勢を動員し、国中土民から兵粮米を運びとり「己《おの》が館の上なる赤坂山」に城郭を構えて立て籠った。元徳三年（元弘元〈一三三一〉）九月のはじめのころであった。やがて後醍醐の籠る笠置が落ちると、大挙上洛した関東の軍勢は四つの部隊に分かれ、そのうちの三つの部隊が正成の籠る河内赤坂城にむかい、のこる一部隊は伊賀へむかった。

河内に進入した軍勢が、石川川原を過ぎたあたりから赤坂城のありさまをみると、「はかばかしく堀をもほらず、僅《わずか》に塀一重塗て、方一二町には過ぎじと覚たる其の内に、櫓《やぐら》二三十が程搔双《かきなら》べたり」といった具合であった。「あな哀《あわれ》の敵の有様や」これではどんなことがあっても一日とはもつまいと寄せ手の兵はまったく侮《あなど》り、分捕り高名して恩賞にあずかろうといっせいに攻めかかった。十月の中ごろのことであった。『太平記』にある赤坂城の描写のうち、櫓を二三十つくり並べたというのは、数がいかにも多すぎるが、急拵えの城郭のイメージをよく表わしている。『秋夜長物語絵巻』には土塁の上に杭を打ち簡単な塗り塀をめぐらし、さらにその内側のすこし高いところに楯を突き並べて防備をかためる城郭がえがかれている。おそらく黒田の悪党がおこなった「住宅」の城郭化というのは、この程度のものであったのだろうが、正成のこもった赤坂城もこの絵巻の城郭にいくつかの櫓を配したぐらいの規模を想定するのが妥当であろう。

関東軍勢の攻撃にさらされた楠木の兵は必死の防戦につとめた。寄せ手が攻めあぐねていると、あらかじめ山陰にかくれていた城外の別働隊が突然、寄せ手におそいかかり潰走させた。寄せ手の兵が兵具を散乱させたのはこのときである。このあと数日後、正成はみずから城に火をかけて撤退した。この城では長期の籠城が無理であり、また笠置の敗戦によってすでに後醍醐が敵の手におちているからには、一族の全滅を賭して戦うことは無意味であったからである。

楠木と伊賀の関係

正成を討伐するために関東軍勢がみせた作戦の展開は、すこぶる大規模で大袈裟なものであった。かれの侮りがたい力は下赤坂の城に立て籠った時点からすでに関東に知られていたにちがいない。正慶二年（元弘三〈一三三三〉）の段階には、楠木の戦争は「死人数を記すことあたわざる間、無常肝に銘ず」（唐招提寺蔵梵網述迹抄巻四）、「楠木乱国の間、天下は安寧ならず、無常にして眼をおおえば、愁いの声は耳に満つ」（東福寺霊雲院蔵梵網述迹鈔第二冊）などといわれ、ある種の怖《おそ》れと宗教的諦観をもって世人に知られていた。関東軍勢は明らかに、敵がたんに河内国の一角に点として存在するのではなく、ひろく伊賀国にまで展開・分布していると認識していた。この大規模な関東の軍勢自体が、こうした認識をすでに物語っていた。

そこで興味深いのは、上洛軍の一部隊が足利高氏を大将にして伊賀路へむかったことである。これは他の三つの部隊がそれぞれ大和、河内、摂津を通って赤坂にむかった事実以上に、楠木の勢力がひろく展開・分布していたことを表わしていた。関東にとって、上洛軍の一隊を伊賀の方面に回すことは楠木討伐を遂行するために必要な要件であったのである。ではいったい、楠木と伊賀の関係はどのような線で結びついていたのだろうか。このことについて重要な示唆を提供しているのが、伊賀上嶋家本「観世系図」にある猿楽の観阿弥清次にまつわる注記である。注記には、観阿弥の母が河内国の玉櫛《たまぐしの》荘《しょう》橘入道正遠の女《むすめ》であって、伊賀の浅宇田荘の治郎左衛門元成（服部姓をつぐ）に嫁したことが記されている。これを最初に紹介されたのは、伊賀の郷土史研究者久保文武氏であった（『伊賀史叢考』同朋舎、一九八六年）。

玉櫛荘は摂・河・泉平野の中央に位置している。そこは大和川の支流である楠根川・玉串川・恩智川がながれ、さらに摂津から河内をへて大和にいたる奈良街道も通る交通の要衝であった。そこの住人の橘入道正遠というのは、楠木正成の父親にちがいない。橘姓は楠木氏の本姓であって、正遠なる人物は『尊卑分脈』の「楠木系図」をみると正成の父としてあらわれてくるからである。十三世紀末河内楠入道なるものが播磨国大部荘に乱入した。この河内楠入道は正遠かそれに近い悪党であると考えられる。とするならば、広い活動力をもつ彼の住所が水陸の要衝にある玉櫛荘であることはかれにふさわしい場所ということになる。ここに生まれ育った正遠の女（正成の姉か妹）が北伊賀の服部氏のもとに嫁したのである。

北伊賀にひろく分住する国人土豪服部氏が南伊賀の悪党に与し、ついにはみずからが伊賀名誉の悪党になったことは有名である。楠木氏は婚をつうじて伊賀の悪党勢力とつよい絆を結んでいた。要するに楠木討伐軍の一部隊が伊賀路に進路をとった背景には伊賀の悪党勢力が正成に呼応して蜂起し、いっぽうから関東軍勢を牽制するという事情が存在していたと考えられる。後に伊賀国が南朝の勢力圏となっているのも、こうした事情が歴史的な前提となっていたためである。南伊賀の南朝の牙城である名張《なばり》の地侍が、くだんの河内玉櫛荘にうつりすんだのは、こうした伊賀と楠木氏の関係を物語るものとして象徴的であった（拙稿「楠木氏の出自――猿楽集団との関連」『楠木正成のすべて』新人物往来社、一九八九年）。

金剛山の攻防

平場の戦・山の戦

正慶元年（元弘二年〈一三三二〉）の三月、幕府は後醍醐天皇を隠岐へ流し政治的な安定をとりもどしたかのようであった。しかしそれも束の間で、六月を過ぎるとふたたび世情は緊張し、そして喧《かまびす》しくなっていった。討幕派の中心メンバーである楠木正成、大塔宮《おおとうのみや》護良親王、四条隆資《たかすけ》らはいずれも葛城《かつらぎ》か、南大和か、あるいは紀伊の山奥に遁入したが、かれらの政治的な工作ルートは意外にも六波羅探題の足下である京都洛中にはいりこんでいた。大塔宮は自身で京都に潜入し、この年の祇園御霊会《ぎおんごりようえ》を利用して、兵具をもった群衆の騒乱をつくりだし、そうして六波羅探題の警察機能を麻痺《まひ》させようとしていた。武器をもつあらあらしい中世の祭礼が、うっかりすれば政治的騒乱に転化しえたことは前章で述べたとおりである。

京都騒乱を画策した討幕派反乱軍は、六月二十六日ついにそのすがたを伊勢国にあらわした。大塔宮の指揮下にある竹原八郎が、この日伊勢の守護所をおそって焼きはらい、地頭二、三人を討ち取った。そして十一月、宮と緊密な連絡をたもつ楠木正成が烈しいゲリラ戦を開始し、あけて正慶二年（元弘三〈一三三三〉）正月には南河内を制圧し、ついで摂津国の四天王寺に進出し、ここで竹井・有賀ら六波羅の軍勢と激突した。ここでの合戦は、実際の戦闘が午前十時ごろから深夜に及んでいるところをみると、『太平記』にあるような小気味のよい楠木軍の勝ち戦などではなかったことは明らかである。悪党・溢《あぶ》れ武者の楠木軍は、平場《ひらば》での六波羅軍との渡り合いに疲労困憊《こんぱい》の苦戦をした。

当時の楠木軍のうち「縄手綱」でも馬に乗る兵は貴重であって、主力の部分は「数を知らざる」雑兵（凡下・足軽）である（『楠木合戦注文』）。だから高度な射技と巧みな乗馬技術をもつ六波羅の兵の方が、平場では明らかに戦力的にまさっていた。六波羅の弓射騎兵は練達した手綱さばきで馬を駆けめぐらせ、逃げまどう凡下・足軽を弓手《ゆんで》（左側）に受けて追物射《おものい》に射殺《いころ》した。「多年稽古の犬笠懸《いぬかさがけ》、今の用に立たずんばいつをか期すべき」（『太平記』巻八）とばかりに、「馬上の達者」は矢継ぎ早の騎射の戦闘で徒歩《かち》の凡下・足軽を圧倒したのである。

四天王寺の辺りで平場の合戦をするのは、正成にとって動員の兵力（それも徒歩の兵力）をさらけ出すことになるので不利であった。かれは四、五千の野伏《のぶし》を生駒の山々において遠篝火《とおかがりび》をたかせ、軍勢の充満をみせかけることによって、寄せ手の宇都宮の軍兵を神経的に疲労させ、四天王寺から撤退させた。こうした作戦をとったのは、平場の弓射騎兵に自軍をさらすことを避けるためであった。その後、正成の軍勢は金剛山へ引き揚げていった。金剛山の山ふところ深く幕府の大軍をひきいれれば、そこは馬の足立ちの悪い嶮岨《けんそ》の地である。兵は馬からおりねばならず、そうなると兵のもつ戦闘力は役にたたなくなる。それればかりか、彼らの騎射用に設計された大鎧《おおよろい》は、自分の足で歩くには重量がありすぎ、兵の力は戦争をするまえに弱ってしまう。「歩立《カチダチ》に力疲れ、重鎧《オモヨロヒ》に肩を引かれ片時《ヘンシ》に疲る」（『太平記』巻八）という事態が予想されたのである。

それでは迎え撃つ楠木の軍兵にとって、山の中での戦争はどのようであったか。楠木の軍兵である凡下の兵は、土豪・地侍までをふくめ、ふだんから複雑な地形を利用して城郭をつくり、盗賊をはたらき、そうかと思えば寺院本所の役人・神人との抗争にあけくれていた。かれらは東国のひろびろとした山野を跋渉《ばっしょう》する武士とはちがって、町や市場や道路や村のごみごみしたところを生活の場としてもいたから、盗賊・喧嘩・神人との抗争をするにしても、馬に乗るより徒歩でいるほうがおおかった。かれらは馬と一体の重装備よりも、自分の足で疾駆できる自由な格好を好んだ。草摺が七間・八間と数多く分割されていて、足の運動を自由にする胴丸や腹巻を好んだ。楠木の軍兵はこうした運動機能に富む比較的軽量の甲冑を身にまとい、叢林のなかを変幻自在に動きまわっていた。楠木軍は明らかに山岳での戦いに適しており、これを得意としていた。

正成は関東の幕府軍と自軍のもつ戦力のちがいをよく考えに入れたから、相手に不利で自軍に有利な山岳地帯の金剛山を主戦場に選んだのである。楠木の軍勢はこの山の中腹にあって「東西は谷深く切て、人の上るべき様もなし、南北は金剛山に、而《しか》も峯峙《ソバダチ》た（る）」天険の要害にたてこもった。これが有名な千早城の籠城戦である。これに対して幕府はふたたび大軍を動かし、また六波羅所管の諸国から軍勢を大動員し、北条一門の武将と御内人《みうちびと》を先頭に、河内・南大和の反乱地帯へむかわせた。

尋常ならぬ合戦

正慶二年（元弘三〈一三三三〉）二月二十二日、幕府の軍勢は外郭の上赤坂城に攻撃を開始、二十七日には詰城である千早城への攻囲戦に入った。ここに三か月におよぶ烈しい攻防戦の火ぶたが切って落とされたのである。初戦での幕府軍勢の作戦行動は順調に進められたとみえ、二月中には楠木の外郭のほとんどを打ち落とし、頑強な防戦態勢をとる上赤坂城も閏二月一日に陥落させ、降人平野将監《しょうげん》以下の二八二人をことごとく京都六条河原で斬った。そして上赤坂城陥落の同じ日に、大塔宮のこもる吉野山を二階堂道蘊《どううん》が攻め落とした。

かくして大和道の二階堂の軍勢をはじめすべての軍勢は、残る詰城のただ一つをめがけて殺到した。突兀《とっこつ》として聳《そび》える千早の孤塁に「纔《わずか》に千人に足ぬ小勢にて、誰を憑《たの》み何《イッ》を待共《まっとも》な（く）」して立て籠る正成の心境は、大地を埋める大軍勢を見るにつけいかばかりであったか。まさにこの心のほどこそ「不敵」の一語に尽きるものであった。楠木軍は密集する鎧武者に大石を投げかけ、「楯の板を微塵《みじん》に打砕て（兵の）漂ふ処を」存分に矢を射かけ、あるいは切岸をよじ登る兵どもの頭上に「大木計《バカリ》切て落し懸（け）」るという「尋常《ヨノツネ》ならぬ合戦」で寄手の攻囲軍をなやませつづけた。正成は金剛山中に幕府の大軍勢を釘づけにしてしまい、いつの間にか完全な持久戦にもちこんでいた。

ところで寄せくる敵の頭に、山の上から石や丸太を投げたり、落としたりする「尋常ならぬ合戦」は、『太平記』のほかに他の諸史料にもみることができる。『楠木合戦注文』によると、斎藤新兵衛入道の子息兵衛五郎は北条氏一門の佐介《さすけ》越前守の手に属して千早城に押し寄せて戦ったが、そのさい山上より石礫《つぶて》をもって数か所うたれ負傷した。熊谷家文書にも千早攻めにくわわった者どものうち、旗指の中平三景能《なかへいぞうかげよし》が「右ノ日ノシリヲ石ニウタレ」熊谷直氏が先を登って木戸口まで攻め寄せたところ、石礫をなげ落とされ数十枚の楯をうち破られたことが記されている。このとき自身は疵《きず》をこうむり、とても助かりそうもない怪我《けが》人も数人でた。また攻囲軍が城郭の堀際につくった「矢蔵《やぐら》」を、城兵のなげた石礫が打ち破ったことも書かれている。

規則やぶりのこの合戦は、悪党の合戦である。「人目ヲ憚リ恥恐ル、気色」などはさらにない播磨国の悪党どもは、所々の紛争に介入しては城を構え、そこで「ハシリヲツカヒ、飛礫ヲナケ」たという（『峯相記』）。平安時代いらい悪僧・神人・都市の「遊手浮食の輩」がさかんに打った飛礫という喧嘩の業《わざ》は、悪党の戦争の業となり千早の籠城戦で爆発したのである。網野善彦氏によれば飛礫は原始以来の庶民の生活に深く根ざした習俗であり、神事であったという。ハシリというのは、正成が千早の山上から大木を十ばかり切って落とし、将棋倒しをするように寄せる敵を圧しつぶした、あの戦法である。これは山に城郭をつくるようになると、かなり広くおこなわれたようである。*

* 後醍醐政権の防衛にあたる新田義貞は、叛旗をひるがえし京都に入ろうとする足利尊氏の軍勢を

大渡にむかえたとき、橋の板をはいでから「橋桁を渡る者あらば、走りをもって押し落とすやうに」構えをつくった（『太平記』巻十四）。

金剛山の周囲

金剛山に幕府軍が手間取っている間に、畿内から西国にかけての情勢は変わりつつあった。吉野山を逃れた大塔宮は松尾寺衆徒や悪党・野伏の支援を得ながら宇陀郡・宇智郡・山辺郡、さらに南都にいたるひろい範囲でゲリラ戦をつづけた。高間大弐行秀と舎弟の輔《すけのぼう》房快全は吉野落城のまえから大和東山中で戦っていたが、吉野山合戦のときには身命を捨てて防戦につとめ、所従二人をうしなった。その後かれらは山城にまで足をのばし、それから南都へ入って興福寺北門付近で合戦をし、さらに金剛山方面へむかい楠木の後詰めにあたった（『大日本史料』六―一、七〇ページ）。和泉国の湯浅木元宗元は吉野山合戦の最中から、大和宇陀郡で在地の幕府方武士に攻撃をかけている（岡見正雄『太平記』〈角川文庫〉校注）。高間行秀らのようなゲリラが、大和国内を縦横に動いていること自体、畿内の情勢が変化してきていることを示していた。

西国では大塔宮の令旨《りょうじ》をうけて、赤松則村（円心）が播磨に挙兵し、近辺の土豪をかたらって山陽道を差し塞いだ。伊予国では河野一族の土居《どい》・得能《とくのう》らが蜂起して周防の鎮圧軍をうちやぶった。

燃えさかる反乱の炎は山陽道・瀬戸内の全域にひろがろうとしていた。正成の持久戦はこうして西日本の政治情勢をゆっくりと、そしてある時点から急速にかえはじめた。この情勢の変化を一気に加速したのは、後醍醐天皇の隠岐からの脱出であった。この時点から元弘内乱の主導権は決定的に討幕反乱の勢力に移ったのである。三月二十二日、鎮西から関東に到着した早馬は、「金剛山ハイマダ破ラレズ」と報じている（『博多日記』）。いまだ破られぬ金剛山の存在。この存在が天下の形勢を根底からうごかしていたわけである。「誰を憑《たの》み、何《イツ》を待共なき」金剛山千早城は、植村清二氏の言葉をかりれば、いまや討幕反乱勢力の仰ぎみる「山巓の星（スタラ・モンチス）」となっていた（『楠木正成』至文堂、一九六二年）。

焦る鎌倉幕府は四月四日、「金剛山をば近日打ち落とすべし」の大号令を攻囲軍にむけて発した。これを受けた寄せ手の兵は死にもの狂いの攻撃をこころみた。関東の猛将宇都宮公綱と麾下《きか》の紀清《きせい》両党千余騎は「手々に鋤鍬《すきくわ》を以て、山をば掘倒さんとぞ企」て、「げにも大手の櫓をば、夜昼三日が間に念なく掘り崩して」しまったのはこのときである。和田文書には包囲軍の一人和田助家が四月二十日「茅葉屋（千早）城大手箭倉の下の岸を掘（った）」とある。おそらく坑道を掘って城内にもぐりこもうとしたにちがいない。このほか中世ヨーロッパの攻城機（エベンヘーヘ）にも似た木組みの塔をつくって城内へ突入をはかったりもした。

こうした寄せ手の烈しい攻撃にたいして、大塔宮の指揮する金剛山・南大和の野伏は包囲軍に兵粮を送る交通路をずたずたに寸断して、背後から幕府軍の戦争遂行能力をどんどん弱めていった。楠木の後攻《ごづめ》をした高間行秀・快全の兄弟は、「在々所々の朝敵人らにたいして、連日の合戦をしおわりぬ」と自らの合戦注文で述べている。かれらは「案内者の野伏」として「所々のつまりづまりに待ち受て、（寄せ手を）討留ける間、日々夜々に討たるゝ者数を知ず」という事態を現出させたのである。寄せ手の軍勢は反乱の禍源である正成を、ついに落とすことのできないまま、正慶二年（元弘三〈一三三三〉）の五月にいたり劇的な破局を迎えねばならなかった。この月のうちに六波羅、鎌倉、鎮西探題はつぎつぎと陥落した。鎌倉幕府北条氏の一挙的な壊滅をむかえ、包囲軍は瓦解しさったのである。

移動する大軍

西へむかう大軍

南北朝時代には、おびただしい兵を擁した大軍が東へ西へ、あるいは北へ南へと右往左往した。この時代の国人《こくじん》級武士は前代の地頭《じとう》が荘園制の職《しき》の桎梏《しっこく》をやぶり、自前の力をもつ領域支配者に成長しつつあるものと考えられている（永原慶二『日本中世の社会と国家』青木書店）。しかし内乱による職秩序の廃滅はただちにかれら在地武士の封建領主化を促進するのではなく、職がおのれの存在をささえる外枠でもあったから、これがなくなることによってかえって不安定化するということもあった。多くの武士が戦争にくわわり、きわめて長い距離を移動しているのは、かれらが在地から浮き上がりみずからの存在が不安定化していたことと関係があった。

在地から離れた傭兵武士を呑み込んで大軍は生まれた。大軍は生きもののように動き、動きながら数を変えたから、大軍をうごかす大将・指揮官は戦争の先を読むのがむずかしかった。なぜなら合戦をする直前まで、自軍の兵力がどの程度の数かわからなかったからである。奥州から長途上洛をこころみた北畠顕家《きたばたけあきいえ》の軍は、大軍がもつ不安定な性質と移動の難しさをよく物語っている。移動する大軍のありさまを眺めながら、そこにある内乱期社会の問題をかんがえる。

陸奥の国司・鎮守府将軍《ちんじゅふしょうぐん》北畠顕家が義良《のりよし》親王を奉じて、伊達郡霊山《りょうぜん》城を進発したのは建武四年（延元二〈一三三七〉）八月十一日のことであった。建武政権の崩壊後に吉野山にはいった後醍醐天皇は、さかんに地方の南党諸将にむかって軍事行動をうながしていた。顕家は敵に根城の霊山を囲まれるほどの苦況にありながら、いそぎ上洛すべしという命令には抗しえず、ついに進発したのである。白河関を越えて下野の宇都宮にはいりそれから鎌倉へむかうかれの軍勢には、もはや引き返すだけの力と条件はなかった。顕家が「上道」したあとの陸奥は敵の手に落ちて封鎖され、霊山にいたる南党の城郭は一所も残さず討ち落とされていたのである。顕家軍には、もはや前進の外には一切の行動の選択はありえなかった。

十二月二十三日、利根川をおしわたり、武蔵安保原その他で所々の北党武士とたたかってきた顕家軍は、守備にあたる足利義詮《よしあきら》を追い出して、ついに鎌倉にはいった。鎌倉に入る直前の段階にいたると、顕家の軍勢にとって一定の有利な状況がうまれていた。というのはこのころ、上野国に蜂起した新田徳寿丸（義興）が武蔵の入間川に着陣して鎌倉を衝く形勢をみせ、北条高時の余類である時行《ときゆき》も吉野から勅免をとりつけ、伊豆国の足柄・箱根に布陣していた。このため顕家は「諸方皆牒合《チヨウシアハセ》て、鎌倉へとぞ寄たりける」という諸軍一体となっての攻撃をし、鎌倉を占領することができた。当然これを機に、顕家奥州軍は徳寿丸と時行の兵をはじめ、鎌倉攻めに姿をあらわした東国所々の武士をあわせ、兵の数を一気に増大させた。「東国の勢宮方に従ひ付く事雲霞《うんか》の如し、……その勢都合五十万騎……」、鎌倉進発のときは「六十万騎」という『太平記』の記事が誇張であるにしても、相当の兵の数にふくれあがったことはまちがいないのである。

年が明けて暦応元年（延元三〈一三三八〉）の正月二日、奥州軍は鎌倉を出て東海道にはいり、西へむかって前進をはじめた。ここからの奥州軍が前進する速度ははやい。十二日に遠江国の橋本にいたった（『瑠璃山年録残編』）。二十二日には尾張国の黒田宿に達し（『建武三年以来記』）、美濃国の足近川を渡ったのは二十四日であった（〈延元三〉正月二十五日北畠顕家書状「白河証古文書」)。このあたりから守護の軍隊を主力とする幕府軍の抵抗がひろく展開されており、事実上の戦闘域にはいった。

美濃国でのいくさ

奥州軍の上洛にたいし、足利幕府の陣営はどのような動きをみせていたのだろうか。まず関東の足利勢の行動をみよう。奥州軍が西に去ると、いったん潰走した上杉民部大輔・舎弟宮内少輔は相模国にあらわれ、桃井直常《もものいなおつね》は箱根から軍を東海道におしだした。高師義《こうのもろよし》は武蔵・相模の勢をもよおし、江戸・葛西・三浦・鎌倉その他坂東八平氏・武蔵七党の武士どもをかきあつめ、さらに紀清両党のうち足利派の武士を糾合した。これらの五万余騎ともいわれる関東の足利勢は西へ進む奥州軍のあとを追尾した。追尾する軍勢には、遠江国でその国の守護今川五郎入道範国《のりくに》が、三河国にては高刑部大輔《ぎょうぶたゆう》(師兼か)が、そして美濃の墨俣にて土岐頼遠《ときよりとお》が、それぞれ手勢をひきつれて合流した(『難太平記』)。

つぎに京都の動静はどうであろうか。すでに北畠顕家が霊山を出発したのとほとんど同じころ、足利尊氏は奥州軍の上洛を予知し東海道筋にあらたな地頭をおいた。美濃国の中河御厨《みくりや》には小笠原政長を地頭に配し(建武四年八月十三日足利尊氏下文「小笠原文書」)、駿河国の下島郷にある地頭職には、守護をして富士大宮司に安堵させた(『大日本史料』六―

四、三七七ページ）。また遠江国の二宮荘於倶《おく》郷にあってはやはり守護をつかって、三和光継なる武士にその地の地頭職をあたえた（建武四年八月十八日今川範国所領宛行状「集古文書」）。いずれも来たるべき奥州軍との戦争に備えたものと思われる。

奥州軍が遠江国の橋本を通過するころから、西上進軍の情報はつぎつぎと入るようになり、京都はいやがうえにも緊張の度をたかめていった。情報をうけとる幕府は、はじめ追尾する足利勢とおなじく、奥州軍との最終的な決着を宇治・勢多のあたりでつける考えでいたようであるが、結局土岐頼遠の意見をいれて美濃国内でつけることにした。足利直義は在京の精兵を美濃に発遣し、同国の近江に接する国境地帯をかためさせた（建武五年正月二十日足利直義軍勢催促状「吉川家什書」、建武五年三月三日諏訪部扶重軍忠状「三刀屋文書」その他）。

奥州軍の先陣が美濃の垂井《たるい》・赤坂のあたりに到着したころ、関東・東海の足利軍勢は後方あるいは側面から攻撃をはじめた。暦応元年（延元三〈一三三八〉）正月二十二日から二十四日にかけてのことであった。『太平記』によれば、後攻の関東・東海軍勢は五手に分かれ前後の攻撃の順序を鬮《くじ》できめたという。『難太平記』にも「海道勢三手に分て、一二三番の鬮を取て入替りく（攻撃を）せらるへし」とあるので、追尾の軍勢がいくつかに分かれ、攻撃をかけたことは確かなようである。攻撃の様子はいま『太平記』をのぞいて史料がないから、くわしく知ることはできない。いま『太平記』の記述を中心に戦闘の態様を順をおって述べるとつぎのようになる。

〔第一番〕小笠原貞宗・芳賀禅可らの二千騎。木曾川の渡しである志貴（羽島郡岐南町）へ馳せむかう。奥州軍の伊達・信夫の兵どもは三千余騎で川をわたり、小笠原・芳賀の兵を懸け散らす。

〔第二番〕高大和守三千余騎。墨俣（長良川）をわたる。これに対して北条時行の五千余騎が三千余騎を捕捉し、半時（約一時間）ばかりで兵三百余人を討ち取る。高の軍勢は山野に潰走した。

〔第三番〕今川範国・三浦高継の軍勢。足近川に打って出て、横合いから攻撃をかける。奥州軍の南部・下山・結城らの一万余騎が応戦する。今川・三浦の勢はうち敗けて、川から東へ引きしりぞいた。ここでの戦闘は「火出《イズル》程に戦たり」といわれるほど烈しかった。

〔第四番〕上杉民部大輔・同宮内少輔、武蔵・上野の勢一万余騎、青野原に押しでる。ここには新田徳寿丸・宇都宮の紀清両党の三万余騎がひかえ迎えうった。両陣の旗の

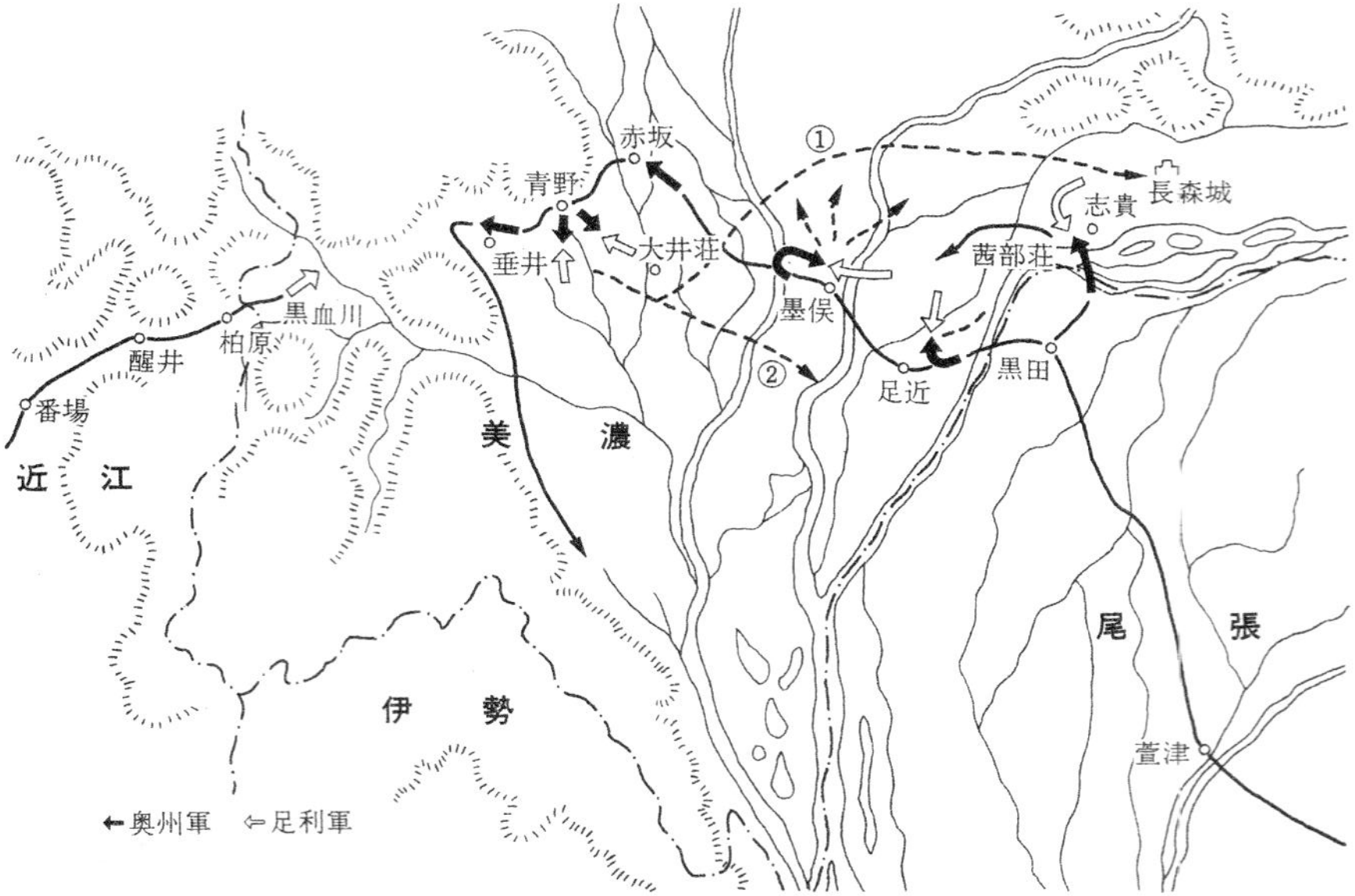

青野原合戦推定図

土岐頼遠は、奥州軍を追尾する東国足利勢と、墨俣に会した。かれはそこで、美濃を通過するあいだに敵奥州軍を撃つべきと主張し、各所で奥州軍と衝突した。青野原で敗れた頼遠は東へはしり長森の城に逃げ（破線①）、桃井直常は墨俣川の西岸にふみとどまった（破線②）。

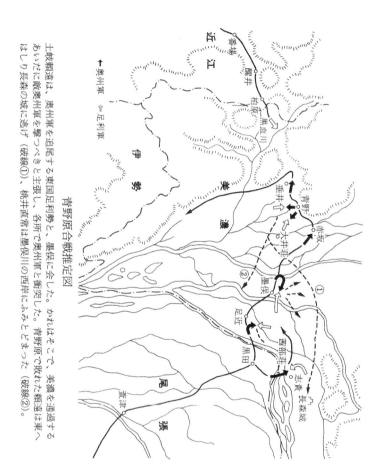

紋は双方の兵がみな知っているので、のちの嘲《あざけ》りを恥じたのか互いにひかず、「毘嵐《びらん》（世界壊滅のとき起きる迅猛な風）断て大地忽《タチマチ》に無間獄に堕《オチ》」るばかりの激戦となった。上杉勢が敗退した。

〔第五番〕桃井直常・土岐頼遠の勢一千余騎、この軍勢も「渺々《びょう》たる」青野原に打ってでた。そして西北にひかえる奥州軍の本隊、陸奥国司鎮守府将軍北畠顕家ならびに副将軍の春日少将顕信《あきのぶ》（顕家弟）の部隊六万余騎をめざして突っ込んだ。桃井・土岐は奮戦したが、土岐は顔面に深い太刀疵をおい、長森城（岐阜市長森）へにげこんだ。桃井は馬もろともに幾つもの疵をうけてから墨俣川まで退却した。

こうみると、正月二十二日にはじまった戦闘は、濃尾国境の志貴から美濃の西の端にちかい青野原にいたる幾つかのところで順次発生したものと考えられる。奥州軍は途中で新田、北条その他の、互いに異質な部隊を加えたから、隊列のなかに幾つかの塊ができていた。しかも、それらをつなぐ行軍の列がきわめて長く（ほとんど美濃国の東から西にまたがるほどの長さに）なっていた。関東・東海の足利勢は、とりあえず幾つかの塊の部隊を手分けして攻撃をかけたのである。結果については、『太平記』はすべて足利勢の潰走、あるいは退却でおわったことを記している。〔第三番〕の足近川付近のわたりあいについて、顕家は結城親朝に宛てた書状で「昨日二十四日、阿貴賀川（足近川）を渡り、凶徒を対治する」と書いた（白河証古文書）。

顕家の軍勢は快進撃したのか

暦応元年（延元三〈一三三八〉）正月二十二日〜二十四日の敗退の報は、ただちに京都にもたらされた。美濃の守護土岐頼遠がすでに合戦にうち敗けて「行方知らず」とか、あるいは「討たれたり」といった早打ちの報がとびこむと洛中は大騒ぎになった。『太平記』によると幕府は急遽、高師泰《こうのもろやす》・同師冬《もろふゆ》・佐々木道誉《どうよ》らの勇猛にして、ならず者の軍勢一万を近江・美濃の国境につかわした。この軍が美濃国不破郡の黒血《くろち》川を背にして文字通りの背水の陣をしいたのは有名な話である。

黒血川で奥州軍勢が上洛するのをくいとめるために、幕府の軍勢が布陣したことは、「吉川家什書《きつかわけじゆうしょ》」・「三刀屋《みとや》文書」などにある着到状・軍忠状から確認でき、この川の前面を阻止線にしたことはうたがいない。けれども土岐頼遠の敗退（第五番）二十四日）のあと、幕府軍がいそぎ黒血川に布陣したというのは事実と相違する。関東・東海の軍勢が奥州軍勢に攻撃をかけることになったのは土岐の強硬な意見によるもので、このことには幕府も同意していたはずである。だから足利直義は正月の二十日にすでに吉川経時《つねとき》、同経久《つねひさ》らの在京人を東海道を東にむけて発向せしめているし、二十二日には諏訪部扶重《すけしげ》なる武士を黒血川の警固につかせているのである。

さて奥州軍の前方には高師泰・師冬らが決死の覚悟でまちうけていた。かれらが布陣する黒血川の一帯は伊吹山と鈴鹿山の山塊にはさまれ、平地がくびれこんでいるため、敵の前進を食い止めるには都合のよいところである。北畠顕家はこの最後の阻止線をまえに、軍兵の前進をとめた。奥州の軍勢は関東・東海・美濃の足利勢をなぎはらったあと、師泰・師冬らのまえで踏みとどまり、動きを止めた。本来であれば奥州軍勢は前にすすみつづけ、黒血川の阻止線を突破するはずであったにちがいないが、動きを止めたのである。そしてさらに、ふたたび軍勢が動きだしたとき、不思議なことがおきた。奥州軍勢は、突然方向を変えて垂井から南へむかい、伊勢路へはいったのである。

なぜ顕家は黒血川をこえて、そのまま京都に進まなかったのだろうか。これまでの研究では、鎌倉を出てからの進撃が驚異的な快進撃であるとし、青野原で勝ったにもかかわらず、どうして進路を変更したかという点については、いまひとつはっきりしない。佐藤進一氏は青野原での土岐との戦闘で意外に兵力を消耗して黒血川への進撃をあきらめたのだろうとされている（『南北朝の動乱』中央公論社、一九六五年）。しかしそれではなぜ青野原の一戦で意外なほどの兵力の消耗を余儀なくしたのか、そのことの解明が必要である。それがなされないと顕家の進路の変更は、いぜんとして不分明であるといわざるをえない。青野原の兵力の消耗とは、実はずっとまえから六か月にわたって絶え間なく蓄積されつづけてきた疲労の結果にほかならなかったのである。

鎌倉を出て二十日あまりで美濃にはいっているのは、たしかに眼をみはる前進の速さではある。しかしこのスピードをもってして「快進撃」とみるのはある種の先入観ではなかろうか。顕家の奥州軍が速かったということは、そのこと自体がかえって脱落者と傷病者を累増させながら兵力を弱めつづけていたことを示しているのではなかろうか。ドイツの戦術理論家であるクラウゼヴィッツによれば、行軍がおよぼす戦闘力への破壊的な影響は兵力を損傷する点できわめて大きく、それは戦闘とならんで独立するひとつの特別の原理ですらあったという（『戦争論』）。顕家上洛の場合、霊山の出発のはじめから国衙領《こくがりょう》の年貢をほとんど手に入れていなかったから、なおのこと行軍することが兵力に甚大な破壊的な影響を及ぼしていたと考えられる。

たえざる掠奪

鎌倉で新田徳寿丸・北条時行らの軍が新たにくわわったことは、奥州軍の兵の数を一挙にふやし、一時的には足利義詮を追いおとすのに有利な状況をつくりだした。しかしこのことは、行軍の段階にはいると飢えの困苦を増大させ、兵力の消耗をいっそう促進した。奥州の大軍は常にあらたな集落や宿をもとめて、つまり掠奪の可能な場所をもとめて移動しなければならない。しかも何十万という兵の胃袋を満足させるにはゆっくりした移動では間に合わない。ひとつの集落なり、宿にたどりついても、すぐつぎの場所をめざして急がねばならないのである。一見驚異的な快進撃にみえる奥州軍勢のスピードの根底には、こうした事情がよこたわっていた。

「路地の民屋を追捕し……惣じて此勢（奥州軍勢）の打過ける跡、塵を払て海道二三里が間には、在家の一宇も残らず、草木の一本もなかりけり」というのはけっして誇張ではなかった。美濃国可児郡の仲村荘下方では、顕家とこれに応じた「根尾山凶徒等」が荘家に乱入し種子料にいたるまで強奪しさった。このため、土民らは耕作をせずに逃げだした。こうして発生した「損亡」はこの荘園にかぎらないというから、掠奪と追捕は広い範囲にわたって大規模におこなわれたと考えられるのである（『南北朝遺文』九州編二・一五五六）。東大寺領の大井荘（大垣市付近）では日夜朝昼軍勢がとおり、そのようなときには荘内は兵どもの乱入をうけ、数知らず牛馬以下の資財を、米・大豆などにいたってはことごとく持ちさられた。また大井荘から墨俣をはさんで東にある茜部《あかなべ》荘でも百姓たちが、世上の動乱により京・鎌倉の軍勢に家内の資財まで探しとられ、自分たちの困窮は言い尽せないと訴えた。

軍勢が移動のさいにみせる沿道村落からの掠奪は、兵のあるところではどこでもおこなわれた。顕家が上洛の途についた同じ年（建武四・延元二〈一三三七〉）、北陸の越前河口荘に進駐した平泉寺衆徒と南朝勢は、数日間の逗留で田畠の作毛を牛馬に刈り食わせ、家々に乱入して御衣服（絹四丈・綿十両をもってする興福寺への負担。「一切経衣服上分」）以下の資財物を奪いとった（康永四年記紙背文書）。南朝勢の優勢をききつけた越後国の新田一族も北陸へむかったが、かれらは加賀国を通過して越前国へはいる手前で突然進軍を止めた。越前から京までの道が、多年兵乱のため民疲弊して兵粮が期待できないというのが、停止の理由であった。当然にも先々の兵粮を停まったところで用意しようというわけで、新田の兵は逗留地の寺社・民屋を徹底的にあらしまわった（『太平記』巻二十）。

崩壊する大軍

このように動く軍勢が掠奪をつきしたがえていたことは、ひろくどこででもみられるのであるが、注意すべきなのは動くのに必要な力が大軍であればあるほど大きく、その力が掠奪によってまかなえる水準をこえてしまうと、あとは軍勢そのものが自壊する以外にはなかったことである。顕家奥州軍の場合は、まさにこれである。そのうえ行軍中には「上野・武蔵・鎌倉以下にて所々合戦」とか（白河証古文書）、「海道所々にて合戦なり」とあるように（『難太平記』）、前後・左右すべての側面から攻撃をうけ応戦しなければならなかった。兵はすきっぱらを抱えながら、敵の攻撃にそなえ不断の緊張を維持しつづけなければならなかったのである。そのほか、肩にくいこむほどの重い鎧、馬もろとも押し流されかねない激流の渡河、雨に打たれながらの汚泥・ぬかるみの野営、それに寒さ、これらすべてのことがらが空腹の兵におしかぶさり、かれらの体力を弱めつづけた。

鎌倉をでたばかりの「将軍を討奉らんと上洛す（る）」奥州軍は「六十万騎」をかぞえたが、垂井・赤坂・青野原に布陣したときには「国司（顕家）の勢十万騎」となっていた。もとより『太平記』にある兵の数が、あてにならないことはいうまでもないが、それにしても鎌倉から美濃までの行程で八割の兵がいなくなっているのは興味深い。大軍が移動するなかで、兵の数を劇的に減らしていたことは事実であると思う。大量の兵をこぼしながら、気息奄々《えんえん》として美濃にたどりついた。かれらは土岐頼遠らの攻撃を、ようやくのことで薙《な》ぎ払ったが、もはや黒血川を突破する力はなかった。おそらくこの時点で、奥州軍は大崩壊していたのである。*

北畠顕家は進路を南にとって伊勢国にはいった。そこから伊賀をぬけ奈良にはいるころには、さらに兵の数は減りほとんどは山野に散った。破れ鎧の小部隊となった顕家の軍勢にはすでに戦略的な目標と方向がうしなわれており、奈良坂・八幡・四天王寺・石津浜とさまよったあげくに全滅した。「無双の勇将」とうたわれたわりには、顕家の最期はあっけないものであった。

＊ フランスのブルボン王権の強化に尽力したリシュリュー枢機卿は、かれの著『政治的遺訓』のなかで「歴史書をひもとけば、敵の攻撃より食料と規律の欠如が原因で滅びた軍隊のほうがはるかに多いことがわかる」と述べているという（ジェフリ・パーカー『長篠合戦の世界史』）。この指摘は内乱期の軍勢が存在するためのむずかしさが、どこにあったかを考えるのに示唆的である。

兵粮の確保・土地の切りとり

戦争遂行のための軍事的な優越が、兵の数の多いことにあると単純にいえないことは明らかである。顕家の軍勢のように移動の距離が長い場合は、兵の数が巨大であることがただちに軍事的な優越にはならなかった。むしろ兵粮不足・飢餓・疲労を生じやすく、これらのために大軍は全体として衰弱し劣勢に転ずることがあった。けれども、そうだからといって、小勢であればよいというものでもない。もともと固い組織性のある軍隊ではないのであるから小勢であること自体が戦意を失わせ、兵を敵の大軍に奔《はし》らせる原因となった。

こうしたことは、大軍であることが戦意をたかめ、兵の数をふやす条件であったということでもある。だからこの時代の戦争遂行の要点は、結局のところ大軍を賄《まかな》うだけの兵《ひょう》粮《ろう》の確保と供給にあった。兵粮の問題が戦争の帰趨を決定したといって過言ではないのである。

兵粮を軍勢に提供することが、立派な軍忠であったことはこのためである。備前国の安養寺の衆徒は、「兵粮米の沙汰」をおこなったことをもって、「御祈禱の忠勤」とともに恩賞を要求することの根拠とした（『備前安養寺文書』）。松尾寺の住侶も「合戦ならびに兵粮以下の忠節」をもって恩賞を要求した（『大日本史料』六―一、五八六ページ）。元弘討幕の軍兵に発した「勅制軍法条々」では、たとえ当人の参仕（着到）がかなわずとも、「兵粮を出し、軍要を支え」れば「本領知の外、永く別の恩賞を行なわるべき」ものとしている（光明寺残篇）。護良親王は仏名院法印御房にたいして「兵粮の沙汰を致すうえは、忠節他に異なる」と賞した（源喜堂古文書目録）。これらはいずれも内乱の初期（元弘討幕戦）にみられた事例であって、この後につづく南北朝内乱期には「兵粮沙汰」の軍忠というものは、古文書のうえではほとんど見られなくなる。このことは戦乱の常態化にともなって、戦争準備のゆとりがなくなり、軍勢が往く先々での掠奪に依存するようになっていたためであろう。

こうした傾向は、戦争の無秩序化を意味するが、それはつぎのような問題をもっていた。つまり軍勢そのものが兵による掠奪によってしか存在できないとすれば、戦争は本来それがもっているはずの政治性をうしない、軍勢は盗賊と化す以外にはない。そうなれば政治の必要から軍勢を動かしもしくは駐屯させ、安定した戦略体系を構築することはきわめて困難になるということである。足利政権が軍勢の占領地を兵に預け置いたり、兵粮の料所に指定して宛行ったのは、こうした問題を克服するための策にほかならなかった。建武三年（延元元年〈一三三六〉）九州から上ってきた足利尊氏は、山門に拠る新田・後醍醐の軍勢と交戦しながら、山城国南郊の土豪《どごう》地侍《じざむらい》たちにはそれぞれの土地の領家職《りょうけしき》の半分を切り取って与えている。地頭職という名目の、これら得分の給与は洛中内外の戦争に必要な兵粮確保のあらたな形態とみることができる。

こうした兵への給与は「本所年貢の三分一の事、兵粮料として宛行う」「駿河国池田郷の正税の事、井伊城攻の兵粮として宛行う」というように、大っぴらな年貢・正税からの切り取りを制度化することによってなされるようになった（『大日本史料』六―三、九〇五

盗賊と化した軍兵（『光明真言功徳絵詞』）

腹をすかせた兵どもが通行人におそいかかる。兵粮の供給が内部でできなくなると、軍勢は崩壊をはじめ、兵は野良犬のような盗賊になった。

ページ、同六―四、八二七ページ）。これはさらに土地の切り取りへと発展するだろう。建武三年の動乱の烈しいとき、尊氏は九州の国大将・守護人に寺社国衙領を、「便宜につけて軍勢に預け置く」ことを容認した（同六―四、四〇九ページ）。また細川和氏に命じて公家の領地を押さえ、「武士軍忠の食禄」とさせた。のちに和氏の領地押領を高師直が模倣したという（同六―四、四一〇ページ、京都将軍家譜）。畿内の群小土豪を大量に動員し、かれらの戦力を引き出すには、土地に密着した兵粮の給与がもっとも効果的であった。師直はこの方式こそが群小土豪の階級的な欲求に応えるものであるから、それだけ兵を組織し安定した戦略体系をつくるのに好都合であることをよく知っていたのである。

こうして足利方は戦争と軍勢の動員に必要な兵粮確保の策を、そのまま人を組織する策にし、南党にたいする軍事的優勢を実現していった。もっとも軍事的な優勢は兵粮を介した人の組織化だけではなく、敵の兵粮を遮《さえぎ》るために交通路を掌握したことにもよっていた。建武三年（延元元年〈一三三六〉）比叡山に立て籠った後醍醐天皇の軍勢は、洛中とその周辺で烈しい戦いを幾度もおこなっていた。この間の後醍醐軍勢は、『太平記』に「公家・武家の従類、上下二十万に余りたる人数」とあるのは例によって大げさとしても、相当の大軍であったことはまちがいない。当然山門の衆徒が財をつくして兵粮を工面しても、まったく不十分であった。かくして兵粮の問題が大きく浮上してきた。足利の将斯波《しば》高経《たかつね》は穀倉地帯である北陸方面の道を塞ぎ、甲斐・信濃の兵を率いた小笠原貞宗は近江国の野路・篠原に陣をとって、湖上往反する舟を差し止めた。尊氏の意をうけて山徒往反ならびに兵粮を打ち止めるためであった（『太平記』巻十七、勝山小笠原文書）。

このため「官軍朝暮の飢を嗜む」という事態になり、かくてはかなわじと後醍醐の軍勢は、湖上を漕ぎわたり敵を破って美濃・尾張の通路を開こうとした。このときの足利勢の作戦は敵の糧道を断って、軍勢を瓦解させるところに狙いがあった。交通路をおさえることは、軍勢の存在の条件を奪いさるという意味で非常に重要であったのである。

戦いの日々

ある武士の思い

戦乱の日を送る個々の兵たちはなにを考え、どのような行動をとって人生を生きていたのだろうか。この問題は兵たちにとって戦《いくさ》とはなんであったか、ということにつながっていかざるをえない。そこで興味がもたれるのは『太平記』にあらわれる武士がおのれの行動を、源平時代の兵の行動に擬しあるいは比較して、自らを後代の語りぐさにしたいといつも念願していたことである。けれどもそのわりには、かれらの精神の奥底を支配するものは名よりも欲であり、理念よりも現実であった。だからその行動は、勇敢というより命知らずの奇計・機略にはしらざるをえなかった。

たとえば元弘元年（一三三一）九月に笠置攻めに参加していた陶山《すやま》・小見山の一党をみ

たい。畿内・西国の兵から成る六波羅軍勢が後醍醐天皇の籠る笠置山を攻めあぐねているとき、西国備中国の陶山義高・小見山某は関東の大軍勢が笠置攻めの援軍として上洛の途にあることを知ると、一族・若党の者を集めてつぎのように話した。

御辺たちは、どう思うか。この間の合戦で飛礫に打たれ、遠矢にあたって死んだものは数知れない。みな大した戦功もあげずに死んでしまったから、死骸の骨が乾かないうちに、その者の名は忘れ去られてしまった。おなじ死ぬのであれば、他人が眼をみはるほどの戦を一度して死にたいものだ。そうすれば名誉は千年の永きに留まり、恩賞は子孫の家を繁栄させるだろう。

ついで、こうも述べた。

平家の乱よりこのかた、勇敢な武士として名を古今に揚げたものをみるに、どれをとっても大した高名とも思えない。まず熊谷直実と平山季重の一ノ谷での先陣あらそいは、後につづく大勢の軍勢を頼みにしてできたことだ。梶原景時が二度にわたり攻め入ったのは、敵陣にとどまった子息の源太を救けるためだ。佐々木盛綱が藤戸を渡り平家の城を落としたのは、案内者の土地の男が浅瀬を教えたからだ。佐々木高綱の宇治川の先陣は名馬の「いけずき」に乗ったればこそだ。

陶山にとっては源平の武者たちは過去のものではなく、現在に生きているライバルであるかのようである。結局かれは、こう結論づけた。

これらの程度のものでさえ、今の世まで語り伝えられ、名を天下の噂に残しているのだ。ましてや日本国の武士どもがあつまって落とすことのできないこの城を、我らだけで攻め落としたなら、名声は歴史のうえで比類のないものとなり、忠節は万人にぬきんでることだろう。

以上の陶山の言辞は、この時代の武士たちがいかに強く名を欲していたかを、よく表わしている。武士たちはどうにかして、語りつがれた過去の武士をすら乗り越える高名をあげたいとねがった。そのために陶山・小見山の一族は、自分たちだけで笠置の城をおとして人の眼をおどろかそうと決意したのである。このときの彼らは、おのれの行動がまぎれもなく源平の勇士たちのそれに比せられるべきものと考えていたに違いない。けれども、かれらの行動にはどこか颯爽《さっそう》としたところがなかった。兵《つわもの》の古典的な名誉は勇敢とか潔さとか、あるいは直向《ひたむ》きなさまをおもんずる価値意識と密接一体の関係にあるはずだが、それがなかった。名誉のためには、そのための価値意識が必要なわけであるが、このことの認識がかれら陶山・小見山の一族には、いちじるしく欠けているか、まったく存在していないのである。

夜陰と風雨にまぎれて

陶山は叫んだ。「いざや殿原《とのばら》、今夜《コヨヒ》の雨風の紛れに、城中へ忍び入つて、一夜討ちして、天下の人に目を覚まさせん」。戦《いくさ》の名誉はこの場合たたかいかた、つまり規則をまもった戦いにある。夜討や忍びではなく名乗りをあげた正規の戦いにあるのだ。にもかかわらず、かれらは規則やぶりの悪党・盗賊の戦闘形態をなんらの疑問もなくとった。名をあげたいという欲望とは裏腹に、かれらの精神はやはり悪党の時代のものであった。かれらは数百丈《じょう》もある絶壁をよじのぼって、城の中へ忍びこみ、まんまと笠置の城をおとすのに成功する。山上城内での行動がまた、いかにも悪党的である。城内の様子をさぐっている最中に、「夜中に大勢の足音して、ひそかに通るは怪しきものかな。誰人ぞ」と城兵にあやしまれたかれらは、すぐさま「これは大和勢にて候ふが、今夜《コヨヒ》あまりに雨風烈しくして、物騒がしく候ふあひだ、夜討や忍び入り候はんずらんと存じ候ひて、夜回りつかまつり候ふなり」ととぼける。

これを聞いて城兵は「げに」といい、あとは問うことはない。それからというもの、陶山の一党は大声で「面々の御陣に、御用心候へ」などとよばわり、おおっぴらに城内を歩きまわり調べあげた。それから機をみて要所要所に火をかけ、包囲軍の攻撃をさそいこんで城を落としたのである(『太平記』巻三)。黒田俊雄氏は『太平記』のこうした人間形象を『平家物語』との本質的なちがいからくるものとみた。それはつまり『平家物語』を生んだ鎌倉時代的な社会を、まさに否定する人間の形象として描かれているわけである。南北朝内乱が鎌倉時代的な叙事詩の対象にならないのはこのためである。実際内乱期に生きた兵たちは従来の秩序の枠がとっぱらわれるなかで、武士の名誉の根っこの部分にある潔く勇壮なさまへのこだわりを忘れさり、意表をつく剽悍《ひようかん》な行動でもって高名を獲ようとした。こうした行動様式をとって追い求める兵の高名とは、すでに名誉から乖離《かいり》しており結局のところ「恩賞」という報酬とくっついていた。

内乱時代の兵たちはひたすら源平の勇士に自らを比し、はなばなしい高名をのぞんだにもかかわらず、かれらの意識の根底にあるものは名誉ではなくて欲望であったのである。

重賞の処には勇士あり

鎌倉時代の荘園制的な職の秩序が、在地武士の社会的存在を支える外枠としての意味をもっていたことはすでに述べた。これがなくなることは、かれらの存在基盤の制度性がなくなることである。おのれの腕力とタフな精神力だけが生きることを可能にする条件となっていった。内乱時代の武士が伝統的な権威に価値を認めず、即物的に富と力をあらわす綾羅《りようら》錦繍《きんしゆう》・金銀の剣をこのんだのはこのためであった。こうしてむきだしの実力だけを肯定する人びとの心的な傾向は、あからさまな厚かましさと強欲と、それに、強い処へつきたがる政治的無節操と御都合主義を生みだしていた。「朽《くち》たる索《つな》を以《もっ》て六馬を繫《つない》で留るとも、只憑《ただたのみ》がたきは此比《コノゴロ》の武士の心なり」というのが（『太平記』）、「五度十度敵に屈し御方になり心を変ぜぬは稀なり」というのが（『太平記』）、こうした傾向をよく物語っている。

報酬としての「恩賞」を得るために武士は戦争に参加した。かれらは上部の権力の動員に応えて戦場に出てくると、必ず着到《ちゃくとう》のチェックをうけ、一連の戦争がひと息つくと軍忠状を主将に提出してその承認を得、後日の恩賞の請求にそなえた。軍忠状の末尾書止には、この文書提出の趣旨として「弓箭《きゅうせん》の眉目《びもく》を開かんと欲す」「弓箭之勇を成さんと欲す」「弓箭の面目を施し、いよいよ武道之勇を成さんがため」などと弓箭とる者の眉目・面目といった精神的な何かを要求しているかのようであるが、本音は「恩賞」の施しをうけたいというところにあった。恩賞のためには敵の分捕だけではなく、自身の負傷はもちろん、若党の討ち死、馬丁の負傷まで書きつらねた。かれらは恩賞のあるところ、猛然と奮い立ちたたかった。闘争心が忠義心からではなく恩賞目当を源泉としているという点では、この時期の武士は傭兵《ようへい》としての性格がかなりつよかったといってよい。

こうした武士の性格を、軍勢の指揮官はよく知っていた。指揮官は戦争労働に従事する兵の士気をたかめ、命知らずの闘争心を引き出すために、軍勢のまえに「恩賞」の餌をぶらさげた。箱根・竹の下に戦う兵のうち、とくに奮戦いちじるしい小山と結城には、その場で武蔵太田荘・常陸関荘をそれぞれ給与した。これを聞いた者どもは、命をわすれ死をあらそって勇み戦おうと思わぬものはなかった。「香餌の下にハ懸魚《けんぎょ》有り、重賞の処にハ勇士あり」というわけである（『梅松論』）。

もっとも、戦争にのぞむにあたって兵がどのような気構えをもっていたかは、個々の階級的な位置や置かれた事情によって、かなりちがうものがあった。観応の擾乱のさい直義派の籠る播磨光明寺には「死生不知のあぶれ者共、此を先途と命を捨て戦う」光景がみられ、一方の寄せ手は功高く禄の重い大名どもが、ただ味方の大勢を憑《たの》むばかりで、本当にはわが身の大事をおもい戦いに励むことはなかった（『太平記』巻二十九）。だから兵を戦わせるにも指揮官は工夫しなければならなかった。足利軍勢の山門攻めにあたっては「一太刀も敵に打違へて、陣を破り、分捕をもしたらんずる者をば、凡下《ぼんげ》ならば侍になし、御家人ならば、直に恩賞を申し与へるべし」ということにした。そしてこの軍法の後段で、御家人（侍）にむかって、合戦に一足も引きしりぞいた者は、たとい以前に抜群の忠があろうと、それをなかったことにし、本領を没収し身柄を追放（御家人身分を剝奪）する、としたのである（『太平記』巻十七）。

傭われる凡下の輩

戦乱が長びくにつれ、都市・農村の溢《あぶ》れ者、遊民博奕、ならず者、没落農民ら凡下とよばれる者たちの戦力の需要がたかまった。ここで凡下について、すこし説明しよう。凡下の社会的な実体はきわめて多様であるが、侍の身分から厳然として区別されている点では、ひとつの身分概念を構成していたといってよい。

田中稔氏によれば、凡下にはまず名字と祖先の系譜（家系）がなかった（「侍・凡下考」『鎌倉幕府御家人制度の研究』吉川弘文館）。播磨国の矢野荘例名内にある是藤名主職をめぐって、慶若丸というものと僧の実円があらそったが、そこでのやりとりからこのことが分かる。慶若丸は裁判の場で「かの実円は当方の公文《くもん》（慶若丸母）が買得相伝した下人又五郎の子である。凡下尫弱《おうじやく》の奴婢が御家人重代の所職である是藤名主職を汚すべきではない」と述べたのに対し、実円は「実円の祖父日替田五郎左衛門尉長範いらい、親父の又五郎長弘法師にいたるまで……名字はその隠れなき侍である。なんぞ凡下の奴婢というか」と反駁したのである。凡下といわれた実円は、祖先の系譜と名字をあげて、自分が侍であることを主張しているわけである。当時の御家人武士はなによりも自家の系譜を大切にし、自尊意識のみなもとにしていた。かれらは凡下のことを「祖先なき下郎」とよんでいた。だから実円がおのれの侍であることを証明するために、祖父以来の家系とそこにある名字を述べたてるのは当然であった。

つぎに凡下は犯罪の糾明と刑罰の執行のされかたに、侍とのちがいがあった。凡下は犯罪糾明にあたって拷問をうけたが、侍はこれをまぬがれた。また刑罰をうける場合には、凡下は禁獄のほか、火印を顔に捺《お》されたり、片鬢《びん》片髪を剃りあるいは指を切られるなどの体刑が科されたが、侍はおもに所領の没収などの財産刑がおこなわれたという。こうした刑罰のちがいは、合戦の場においてもみられた。元弘期（一三三三）の後醍醐天皇軍の軍法「官軍可存知《ゾンチスベキ》条々」をみると、路地狼藉のことについて「侍においては主人に懸けて厳密に沙汰をいた（す）」べきを述べているだけであるのにたいして、「凡下の輩にいたりては、不日に誅すべき事」と規定していた。凡下の処罰には、明確な「誅」つまり斬刑が科されていたのである。

山門攻めの軍法は、侍身分から区別されていた凡下の輩に、戦功次第では侍への途をゆるしている点で注目すべき内容をもっていた。これは内乱での戦力の消耗の度合いが侍の戦力だけでは賄いきれない水準に達していたことを物語っている。このことはとりもなおさず凡下戦力の需要が高まっていることにほかならない。また、そうした一般的な趨勢に対応するかたちで、自分の命以外にはうしなうものを持たない浮遊のルンペン・プロレタリアート層が広範に存在していたということであろう。*食わせてもらうという報酬をあてに、傭われる戦争労働者・凡下の輩は、はじめから食うこと、掠奪すること以外には関心がなく、分が悪ければたちまち逃げるのを常とした。しかしそのような者たちであっても、支配者はなんとかして戦場に引っ張りだし、戦争に投入しようとした。食わせてやるだけでなく、侍の身分を与えることを約束したのは、そのための策であった。

＊『源威集《げんいしゅう》』によると、洛中鴨川辺で合戦があると野次馬が五条橋を桟敷にして見物をし、合戦の当日だというのに終夜清水坂には立君が袖をつらね、座頭は琵琶を掻き鳴らし少々平家を語ろうなどというふざけたものも現われる。かとおもえば、合戦のときに兵が残していったもの（兵具の屑鉄か）を買い集めるものもいる。ここには戦争と同居し、戦争が終わればなにごともなかったように普通の生活をおくる庶民のすがたが描かれている。こうした戦争に没入しない普通の感覚は、兵のなかにも存在した。合戦のない日には敵も味方も洛中の湯屋にはいり、世間話をしあっているのである。もともと傭われた兵である以上、所属のちがいはあっても「敵」と「味方」の意識はなかった。かれらは雇用条件のよい軍勢をもとめて、情報の交換でもしていたのだろう。

侍の身分が凡下の輩にとってどれほど魅力的で、そのためにどれだけ命を惜しまず戦ったかは知らないが、腕力と野心を持つもののなかには手段をえらばず敵をたおし、身分の上昇をとげるものもいたであろう。威風の堂々たる鎧武者の名越高家《なごえたかいえ》は、田圃の畦《あぜ》を伝って藪をくぐり近づいた野伏《のぶせり》戦《いくさ》の射手に、たった一矢をもって馬上からおとされた。大量の凡下とかれらの戦争作法の無視は合戦のありようを一変させた。それと同時に、かれらの戦争による恩賞は身分秩序を変動させ、大きく混乱させることになった。力によって自らを浮上させようとする意識がつよくはたらけば、それは下剋上というところまでいくだろう。「下剋上スル成出者」は戦争と身分秩序の混乱からあらわれてきた。

戦争に疲れて

長期化する戦乱のなかで疲れはて、「恩賞」の餌に食いつかない御家人武士が存在した。列島全土にわたる戦乱は、武士たちにさまざまな行動の選択の可能性をあたえていた。惣領制《そうりようせい》の解体傾向にあって不安定な存在のしかたを余儀なくしている武士たちは、恩賞をもとめて身を戦乱に投じることが多かった。しかしかれらがどの程度まで戦争の日々をもちこたえたのか。かれらはそういつまでも、戦争を続行することはできなかったのではなかろうか。

たとえば豊後国の戸次頼尊《へつぎよりたか》という武士の戦争の日々をみてみよう。かれは足利尊氏と新田義貞の戦った箱根竹の下から伊豆佐野山城→伊豆国府（散々合戦・分捕頭三・若党手負四）→近江伊岐須城（先懸け・分捕頭三・若党手負八）→山城の岩清水《いわしみず》八幡（凶徒追落とし）→山城大渡橋→京都法勝寺（散々太刀打）→播磨室津（打出合戦）→筑前多々良浜《たたらがはま》（親類若党手負討死百余人・分捕頭五十四）→豊後玖珠《くす》城という具合にうごいた。建武二年（一三三五）十二月、尊氏とともに上洛し、九州へ下り、それから尊氏が京にむけて発つ直前の建武三年（一三三六）三月までの様子をまとめたものだが、これにある移動距離の長さと手負討ち死の多さをみるにつけ、彼と一族若党がいかに辛く烈しい行軍と戦闘の毎日を送ったか、容易に察することができよう。

筑前国の宗像《むなかた》郡に住む朝町彦太郎光世（朝町禅恵の息子）は、尊氏が京都をおちて九州にむかった報に接すると、さっそく備後の尾道泊にまででむき、尊氏の一行にくわわり、乱戦の日々を送るのだが、やがて久しからずして悲惨な最期をむかえねばならなかった。尊氏の一行は宗像氏をたより、そこで武器と馬と食料を得ると多々良浜に打って出て、宮方最強の勢力菊池武敏《たけとし》軍と激突した。光世はここで敵の頸の分捕をしたものの、舎弟の光種をうしなった。尊氏の上洛の後に、暦応元年（延元三〈一三三八〉）十月光世は中間《ちゅうげん》たちを引きつれて、今度は肥後へむかった。足利方はこの年の五月、美濃で大軍勢をうしなった北畠顕家を和泉・石津浜に敗死させ、さらに閏七月には新田義貞を越前藤島でうちとっているから、その余勢をかって宮方の勢力圏にある肥後国へ攻勢をかけたのであろう。

十月菊池郡にはいった光世らの軍勢は蒋方原で敵に遭遇し、中間太郎男が左肩と股に疵をうけた。ついで八代郡黒鳥に戦ったとき、光世本人が肩先に、中間次郎男が大腿部にそれぞれ負傷をした。かれは中間たちと一緒に指揮官から疵の認定をうけると、郷里の宗像郡朝町村へかえった。かれが瀕死の重傷のまま、どのようにして郷里へもどったかはわからない。鎌倉攻めで負傷した新田の兵は箯輿《あおだ》（竹や木を編んで作った粗末な吊り輿）に乗せられ、雑兵や騎馬の兵とともに来た道の鎌倉街道をもどっていった。*光世もそのようにして、辛い道のりを辿《たど》って郷里をめざしたのであろう。光世のうけた疵はよほど深く、帰郷すると程なくして死んだ。こうして朝町村の国人級在地武士の家では多々良浜の合戦からわずか三年の間に二人の兄弟が死に、二人の馬丁がけがをし、どの位になっているかわからない高齢の父朝町禅恵だけがのこったのである。

＊この負傷した兵の帰郷のさまは、北条泰家が鎌倉を脱出したときの偽装のさまであるが、このようなしかたで武蔵国まで落ちのびることのできたのは、それが実際に負傷の兵の帰郷のしかたとして、街道にたくさん見られたからであろう。

武蔵国の多摩川中流域に住む山内経之は、暦応二年（延元四〈一三三九〉）から同三年にかけて高師冬がおこなった常陸南朝への攻撃に動員された。小川信氏と峰岸純夫氏の研究によればかれと家族にとって、戦争に従事することはまことに苦痛にみちたものであった（小川「南北朝期における在地領主の実態と合戦の一断面」『国学院大学大学院紀要』第二十二輯。峰岸「多摩川中流域の中世」『多摩のあゆみ』第六十六号、一九九四年）。経之は出陣したあと戦地から数多くの手紙を家族に宛てて書いた。それらをみると、陣中の辛苦は申す言葉もない。戦場からは又の者ども（一族郎等の又その下の家来）は逃げ帰ってしまう。馬を失ったから戦死した者の馬を大将からもらいうけて使っている。自分の兜《かぶと》も打ち落とされるかしてなくしたので、人の兜を貸してもらって戦っている。合戦ものびたから、暇乞《いとまご》いをして帰りたいのだが、敵の城も近いとあって、なかなか帰れない、今度大きい戦闘があったら自分はもう生きていることはないだろう、等々。一つひとつが経之のつらい陣中の日々を物語っていて、いまに読むものの心を打たずにはおかない。

そのうえ経之は郷里の家族と経営に心をくだかねばならなかった。かれは家族（息子）に宛ててこう述べている。陣中の辛苦はかねてから覚悟していたことである（からしかたがないが）、返すがえす心配なのは、自分の留守にしている家にかいがいしく切り盛りしてくれる人がいないことである。なにごとにも一人前に振る舞い、母御ともよく相談して百姓どもの年貢の「不沙汰」に手落ちのないように対処してほしい（『日野市史史料集』四七号）。留守宅の諸事につき不安をいだく経之は、ついに生きて帰ることはなかったようである。暦応二年（延元四〈一三三九〉）から翌年初冬にかけての師冬軍劣勢の戦局のなかで、討ち死をとげたらしく、そのころを最後に経之の書状は断える。

内乱期の戦争は騎射の戦闘から、それよりはるかに危険な肉迫の斬撃戦、あるいは至近距離からの徒歩弓の射ちあいがおもな形態となっていた。しかも兵器の殺傷性能が、内乱の経過のなかで、飛躍的にたかまっている。出口のない内乱の継続は死傷者を確実に累増させつづけたにちがいなく、戸次頼尊や朝町光世あるいは山内経之のような人と家族は無数に生みだされた。内乱時代の武士の家がどれだけの討死をだしているか、九州の少弐《しように》氏の場合をみると、内乱期を生きた人と目されるもの五四人のうち、一八人の討死を数える。死者だけをもってしても三分の一にのぼるのである。

わたしたちはともすればはなばなしい合戦の行方に目を奪われがちになるが、合戦のたびごとにまことに多くのものがけがをし、命をおとしている事実には目をむけるべきである。このことが領主経営に与えた影響はきわめて大きかったはずである。

合戦で命をおとす兵（『春日権現験記絵』）

大鎧の兵は深手をおって、すでに絶命している。烏帽子・胴丸の兵は頭に矢が突きささり、前に倒れこんだところである。噴きでた血は矢柄をつたって地面にしたたる。傍らを、雄叫びをあげ騎馬の武者が通りすぎる。内乱は手負・死人を確実にふやしつづけた。

在地の武士たちは戦費による家計の逼迫《ひっぱく》ばかりでなく、討死による家族人数の減少、けがによる労働の障害にくるしみ、所領の経営に支障をきたすことになった。内乱の長期化にともない、凡下の戦力の需要がたかまる反面で、なかなか「恩賞」の餌をみせても、武士たちが戦いたがらなくなってきたのは、こうした事情によるものであった。

九州に留め置かれた足利党の武将一色範氏は、南党菊池氏を討伐するために諸将にむかって軍勢を催促したが、そのさい「不参の輩の事、恩賞の訴訟あれば、これを閣《さしおか》るべし、軍忠無きの仁は所領の五分一を分かち召さるべきなり」と宣言した（建武四年二月七日一色道猷軍勢催促状『南北朝遺文』九州編一・八四〇）。この方針は山門攻めの軍法の軍忠帳消しの条項と所領没収を具体的に明示するものと考えられ、各地の戦争においても不参・厭戦《えんせん》の問題が深刻になっていたことを知る。軍勢催促をしても遅れてくるもの（『南北朝遺文』九州編一・八五七）、催促に応じて参陣着到しても、着到した旨をとどけでると、そのまま帰ってしまうもの（『南北朝遺文』九州編一・七八七）、あるいは合戦の最中に帰宅してしまうものがあらわれた（暦応三年十二月十八日）。おのれの負担と危険の方が、期待される恩賞よりも大きかったり、所領を離れていることが経営上なにか不都合であれば、武士たちは家に居ることを望んだのである。

領主の在地性とは

封建的な支配関係は生身の人間の間に結ばれた直接的な関係である。領主たる武士が所領（村民）を支配するのに、かれ自身が在地にいて村民とともに働き、ともに遊び、飲み食いし、親しく言葉を交えることが必要なのはこのためである。むき出しの暴力だけで支配ができると考えるのは、当時の地域住民にたいする過小評価というものである。土地の領主が村の規範を踏み破るようなことをすれば、たちまち村民は領主にたいして顔を向け言葉を交わすことを集団的に拒否した。伊予国の弓削島荘の百姓たちは、雑掌《ざつしょう》弁房の新儀非法にたいして「堪え難きたりにより、御領内を（われわれが）まかり出るうえは、当雑掌の弁房においては、子々孫々に及ぶといえども、あい向くべからざるの旨」を誓い神水《しんすい》を飲んだ（元亨四年九月『日本塩業大系』史料古代・中世一、二〇五号）。

播磨国の矢野荘の住民は、在地の紛争を鎮《しず》めにやってきた本所の役人を拒否して「この政所方（本所の役人）、向後においては、対面・向顔を申すべからざるものなり」と起請文を書き決意して誓いあった（明徳五年一月十六日『相生市史』八・上）。また紀伊国の柴目村番頭百姓は宮石兵衛尉と右馬允《うまのじょう》らのことについて、「私の芳心をもって対面・向顔をもつかまつり……あい語らうの儀あるべからず」と、これも起請文をしたため誓いあった

（鎌一四・一〇四八一）。神水・起請・一味・同心の儀礼を通過することによってつくりだした対面・向顔・言葉の拒否は、領主支配の前提である在地における社会関係を一方的に住民の側から断ち切ることにほかならない。だからこれらの拒否をこうむるとなると、それは領主にとってただちに深刻な支配の危機を意味した。また、それだけにこれらの拒否を解除させた場合は、領主の支配は大きく安定化することになった。おのれに抵抗する住民にたいし、秘計をめぐらし対面をさせるのに成功した矢野荘代官祐尊が、これによって名主が屈伏したと理解したのは、「対面」というものにそのような理解をさせる意味があったからである*（永和三年・東寺學衆評定引付）。

＊　永和三年（天授三〈一三七七〉）九月、代官祐尊の支配に反対して対面を拒否していた矢野荘住民のうち、上村の名主らは播磨の守護赤松の介入をうけて、やっと「少々祐尊法眼に対面」をした。しかし依然として、この時点では下村の名主らは対面をしておらず、このことが「いまだ屈伏せず」といわれていた。寺院本所の東寺から統治能力を疑われた祐尊は、この事態を「赤松方の秘計ならびに領主どもの内外の計略をもって、逃散ができないようにした。その結果上村名主らが対面したのだ。あとの残りは、下村名主の兵衛五郎・森入道以下の三、四人にすぎない。あとは沙汰の外のものどもにすぎない」と説明した。矢野荘から山陽道を東にゆき揖保川をわたってさらに進むと鵤《いかるが》荘という小さな荘園がある。ここでは住民が訴訟のことのこじれから逃散した。一か月にわたり公文と折衝し

て要求の一部をのませ、ようやく両公文に付き添われて名主百姓らが政所に出仕すると、本所の法隆寺の僧はこれを「目出たし々々」と喜んだ。これにも領主対面の動作が含まれていて、その動作を住民にさせたことを寺院本所は喜んだのである（鵤荘引付）。

領主の在地性はかれらが農業生産に深くかかわり、そのための用水や山野を所有したり、住民間の農業にまつわる争いを調停あるいは裁判する権能をもっていることである。しかしそうした権能を客観的に保証する職の枠組み（荘園の制度）が大幅に減退するか消滅すれば、農業生産にかかわることができるには、かれら領主たちは生身の人間的な力に拠る以外にはないということになる。なによりも人を組織し、動かし、従わせる才覚をもつことを人間的に必要としたはずなのである。

村民といつも顔をあわせ、言葉を交えることが、在地の領主として存在するために、絶対に欠かすことのできない要件であったのはこうした事情による。そのことが戦争のためにできなくなると、武士の所領支配はむずかしくなる。それだけではない。たいていは土地の武士が出陣をするときには、管理組織を構成する家の子・郎等・若党を、そっくりそのまま戦闘組織としてひきつれていくから、所領の経営業務にも支障をきたした。武蔵国の山内経之が常陸方面に長期在陣したために、留守宅所領の百姓は年貢を「不沙汰」した。

そのことについて経之は「かいがいしき人」の自宅にいないことを嘆き心配している。内乱期にはいって、武士たちはこれまで以上に在地性を深化する必要が、客観的にはたかまったにもかかわらず、それをしにくい環境におかれていたのである。

足元の不安

内乱時代の武士にとって、所領を持つものとしておのれが、いかに生き残るのか、このことは実はもっとも大切な関心事であった。かれらが戦乱に飛びこんで戦ったのも、所詮は上部権力から恩賞をもらいうけ、所領の規模を拡大するためであって、そのことによる基盤強化がもっとも重要な眼目であった。だからかりに戦争に従事することが、かれらの存在を危うくすることにでもなれば、「弓箭の面目」などはどうでもよくなるのである。長期間にわたって在陣のために所領を離れることや、内乱の進行にともなって討死とけが人が続出することは、所領の拡大どころか、所領の経営をいちじるしく難しくし、かれらの存在をもっとも危うくするものとなっていた。足元の不安が大きくなったのである。

所領住民との関係が疎遠になるばかりでなく、当主が死ぬようなことにでもなれば、所領をめぐって一族内外の争いも発生する。九州の阿蘇氏では、惣領の惟時《これとき》が飯盛城攻撃に出陣中に死去（討死？）すると、土田惟基《これもと》なるものが一家の「悲歎の隙をうかがって」惣政所分の田園を横領するという挙にでている。肥前国の深堀氏では、時通という武士（暦応三年六月二十六日筑後肥後の南党討伐に動員される）の遺領を暦応四年（興国二〈一三四一〉）、一族の時広と時元があらそい、まさに喧嘩《けんか》におよばんとした。九州探題の一色範氏は「凶徒退治の最中たるところ、私の確執をいたすの条、はなはだ然るべからず」と怒り、他の豪族を派遣してしずめた。しかし、この内訌はたやすくは解決できず、翌年には時元が近隣の武士をまきこんで時広方への大規模な乱入・放火・刃傷の事件を引き起こした。

戦争による領主家族の疲弊は、ただちに近隣領主からの侵略をまねき、あるいはかねてからの相論がある場合は、有無をいわせぬ実力「解決」を強制させられることにもなった。もともと中世の人びとは、所領紛争が発生した場合には、実力闘争を法廷での戦いとまったく同じものと考え、これを行使するのが普通であったから、相手が弱ってくればなおのこと実力は行使されやすいことになった。山内経之は戦場から留守宅の家族に宛てた手紙で、留守が心配であるから、自分が戻るまで、百姓どもでかまわないので宥《なだ》めすかしてでも、しっかりと宿直《とのい》をさせるようにと指示をあたえた（『日野市史史料集』四六号）。想像をはたらかすなら、経之は留守宅を襲われるかもしれない何らかの係争をかかえていたとも考えられる。遠江国の上総大夫賢意は裁判がこじれて、敵人の地頭から夜討をうけ、防戦もむなしく無残な最期をとげた（鎌一五・一一六〇四）。かれの自宅（政所）には「郷役の宿直」がおかれており、荘官・百姓らがつめていた。在地武士が係争中に、宿直役を百姓に課すことは、かなり一般的におこなわれていたのである。

生きるための知恵

内乱の時代にはいると、国人級の武士たちは一揆を結成する。一揆は人びとが個人のもつ主権性を抑制し、それを全体に委譲することによって成立させる団体もしくはそのための結合運動である。武士たちは水平的に結合することによって団体化し、そこに個人から離れたつよい力をもたせた。そうすることによって、生活と経営の「平和」秩序を、上部の権力をたよらずにつくりだそうとしたのである。それは戦争にあえぐかれらの生きるための知恵でもあった。もっとも、かれらが領主として生きる戦闘階級である以上、「平和」の秩序とは住民を従わせ、支配するための秩序にほかならず、要は戦争によってもたらされた人的欠損・組織的弱化を全体で補おうというものであった。

肥前国松浦郡（長崎・佐賀北西部）にひろく分布する武士たち松浦党は、内乱の末から室町時代にかけて、いくつもの一揆契諾状《けいだくじょう》をしたためた。それらをみると、多くの側面で矛盾をかかえたかれらが、個別的にではなく集団的に矛盾を克服するため、いかに多様な盟約をつくっていたか驚くばかりである。永徳四年（元中元〈一三八四〉）の一揆契諸状をみるとつぎのようである。

第一条、公的なこと、私的なことの両面にわたって、一揆の成員は一味同心の思いをなし、将軍に忠節をいたすべきである。個人の不都合が生じた場合も、一人で勝手なことをして事を乱してはならぬ。

第二条、市・町の通りで「乗合・笠咎・酒狂・戯以下の事」でいざこざが生じても、勝手に弓箭をもちだすのは甚だよろしくない。一揆のメンバー（衆中）が馳せあつまり、理非をしらべて両方を引きはなすべきである。

第三条、夜討・強盗・山賊ならびに財物作毛の盗人の現行犯は、みつけた現場で討ちとるべきである。もし犯人名指しで訴えるものがあれば、まず名指しされた犯人を召し取って、科《とが》は白状にしたがっておこなわれるべきである。

第四条、地頭におさめるべき物を納めずに、あるいは故《ゆえ》なく逃散する土民・百姓については、たとえ自領に逃げ込んできても、お互い扶持《ふち》することはやめよう。

第五条、所務（不動産のことについての訴訟）と境界の争いについては、一揆のメンバーが寄り合って両方の証文をみて、理非にまかせて解決すべきである。いささかも軽はずみな武闘におよんではならない。

第六条、下人が主人を捨てて他村に居住した場合も、主人が逃げた下人を扶持する領主を訴えたなら、訴えられた領主はただちに下人を元の主人に返すべきである。もし異儀があれば、一揆中の沙汰として理非を糺明して領主が出すべきかどうかをきめればよい。*

第七条、他村に牛馬をはなちいれることについては、訴訟があったら定法にまかせて、互いに牛馬を村内から出すべきである。

＊ 第六条の「もし異儀があれば……」以下の原文は「若有異儀者、為一揆中之沙汰令糺明理非、可被出之否云々矣」とある。意味がやや不分明であるが、条文のように理解した。

条文をみると第一条をのぞいてすべては、要するに在地武士が互いに平和を維持するために結んだ盟約であることがわかる。その中のとくに逃亡の百姓・下人を互いに返還しあう約束がなされているのは、足元からの抵抗を連帯しておさえこもうとする意図から発していた。逃亡農民が原因となって紛争が生じた場合、各自の主権（武力）を発動すれば戦争になるから互いに消耗するばかりである。だから一揆の力で紛争の原因をとりのぞき、平和を維持しようというわけである。こうしてつくりだされた一個の共和的な団体は、松浦郡の武士たちが内乱をたたかうのに好都合であった。瀬野精一郎氏はこの一揆を、松浦地方の武士たちを組織し戦力を引き出すことに狙いをおいた幕府（今川了俊）が、政治的に工作した結果あらわれたものであるとみた（「松浦党の一揆契諾について」『九州史学』一〇号）。

第一条の条文をみれば、そうした性格があることはまちがいないと思う。けれども一揆の結成は上からの都合からだけでなるのではなく、在地の武士たちがそれを必要であると考えるようななんらかの客観的な事情がなければならないだろう。ここでは、そうした武士のかかえもつ事情のほうに注意をむけたい。戦争によって武士の所領経営力・支配力が弱まれば、それだけ紛争の潜在的な可能性はたかまる。だからこそその可能性を除去して、近隣の紛争は未然におさえなければならない。そうした事情は全国のいたるところで存在していたのではなかろうか。

一揆はまた戦争の現場でも、互いに助け合うための結合体として結ばれた。武蔵の山内経之の手紙にもどるが、かれは戦場から家の者に自分は死んでも大将や一揆の人びとが居られるから心安いと書き送っている（『日野市史史料集』四五号）。一揆は見継ぎ見継がれる組織としても、武士たちにとって大切であった。

悪党の美学

バサラの美意識

放埒と無軌道の美学

戦乱のなかでなにが価値をもつかといえば、それは実力だけである。無法と暴力と掠奪《りゃくだつ》が支配する世界では、権威や伝統など秩序をささえるための価値はまったく意味をうしない、かわって具体的なすがたをもつ〝力〟があたらしい意味をもってあらわれてきた。旧体制を突き破ってあらわれてきたものだけがもつ力の表現は、放埒《ほうらつ》・無軌道、豪奢と奇抜をきそう遊びの趣向となって、殺伐とした社会の風景にどぎつい色彩をあたえていたのである。この目に見える〝力〟の発露がバサラにほかならなかった。

実力だけを肯定する人びとの心的傾向が、あからさまな厚かましさと強欲と、それに政治的な無節操・御都合主義を生みだしていたことはすでに述べたが、ここでは加えて放埒と無軌道のさまをみることにしたい。そこで興味がもたれるのが足利家の執事・高師直《こうのもろなお》である。かれは四条畷《しじょうなわて》で楠木正行《まさつら》をたおすと、そのまま吉野山へ兵をすすめ、天皇の行宮《あんぐう》をはじめ諸社堂宇のことごとくを、ためらうことなく焼きはらった。かれのこの行動には、ひごろつぎのような意識がはたらいていたことは、つとに指摘されているところである。かれは言った。

都に王というものがいて、多くの所領を独り占めしている。内裏・院の御所というところがあって、そこでは馬から下りねばならず煩《わずら》わしいことよ。もし王がなくてはならないなら、木をもって造るか金《かね》をもって鋳るかして、生きている院・国王はどこかへ皆流してしまいたいものだ。（『太平記』）

また家来がおのれの所領の小さいことを訴えると、師直は「なにをそんなに嘆くことがあろうか。近辺の寺社・本所の荘園を切りとって知行すればよいではないか」といった。罪を犯して所帯を没収されたものがツテをたどって泣きついてくると、「よしよし、師直は知らぬ顔をしていよう。将軍のじきじきの命令がでてもかまうものか、無視して居据《いすわ》っておれ」と元気づけた。これらの言動にあらわれた師直の意識は、伝統的な権威や法にまったく価値をみとめず、むしろこれを蹂躙《じゅうりん》する反逆性に特徴がもとめられる。かれの反逆的な意識はまた、理屈や理性ではない情動的な力、これをはばかることなく行使する傲岸《ごうがん》と結びついていた。放埒と無軌道はある種の行動美学になっていたのである。それは京の零落した皇族・公家貴族の娘にかたっぱしから通じ、二条前関白（二条道平か）の妹にまで手をつけて子供をうませたことに端的にみられる。

夜の都大路で

後伏見院の供養の帰りのことである。仏事をおえた光厳院《こうごんいん》は牛車《ぎっしゃ》にのって東洞院大路を北へすすんだ。洛中とはいえ夜ともなると人の往来はない。五条のあたりをすぎ、樋口東洞院の辻にさしかかったとき、おりしも東山今日吉社の馬場で笠懸にうち興じ、芝の宴で大酒をのんだ土岐頼遠《よりとお》の一行にでくわした。牛車につきしたがう軽輩が、頼遠にむかって下馬するようにと警告する。すると頼遠は「いまの時代にこのおれに馬から下りよというのはいかなる馬鹿者だ。蟇目《ひきめ》の矢でもみまってやろう」と大声でわめく。院の従者はひるみながらも「どこの田舎者なれば、このように狼藉をふるまうか、院の御幸なるぞ」とかたりかける。

これを聞いたときであった。頼遠はカラカラとうち笑い、「なに、院というか犬というか、犬ならば射て落とさん」というままに、牛車めがけて追物射に矢を射ちこんだ。供奉のものたちはみな車や馬からうちおとされ、院の車に放たれた矢をふせぐこともできなかった。やがて車の簾《す》の内側にかけた垂れ幕までひきちぎられ車輪の棒はおられ、ついに牛車は路頭にたおされた。頼遠らのひきあげたあと、光厳院はただ夢をみているような状態で、呆然《ぼうぜん》とたたずんでいた。

土岐頼遠は暦応元年（延元三〈一三三八〉）美濃国を通過する北畠顕家の軍勢と戦い、顕家の軍勢の崩壊をうながした功績が幕府にみとめられていた。しかしこの一件は、幕府の法治主義者である足利直義《ただよし》のはげしい怒りをかい、頼遠は結局六条河原にひきだされて斬られた。ついにかれはゆるされなかったわけであるが、それにしてもことここにいたるほどの行為を、酔狂のあまりとはいえ、あえてやってのけた頼遠の心もちは相当のものである。かれのこの行為にも、師直に通じる意識をみとめないわけにはいかない。

猿の皮を腰にあて

頼遠の一件よりもまえ、京都ではもうひとつの狼藉事件がおきていた。近江の大名である佐々木道誉《どうよ》が暦応三年（興国元〈一三四〇〉）十月、天台座主《てんだいざす》亮性《りようしよう》法親王の住む妙法院を焼き討ちしたのである。ことは道誉の一族・若党たちが小鷹狩りの帰りに妙法院の庭の紅葉を折りとったことからはじまる。亮性法親王の命をうけて房人が制止する。すると道誉の「若い者」はこれを聞き入れないばかりか、もっと大きな枝を引き折った。居合わせた山法師は、「若い者」をふくろだたきにして、外へほうりだした。

腹がおさまらないのは道誉である。かれは自ら三百余騎の軍勢をひきいて妙法院へおしよせ火をかけた。折からの烈風にあおられ、堂舎はたちまち火につつまれて焼けおちた。戦いの呼吸と独特の嗅覚、変わり身のはやさで、変転めまぐるしい内乱期の政治世界をおよぎまくってきた道誉にとっては、身ひとつの才覚と実力がすべてにまさる価値であり、その意識がおのれをささえてもいた。とすればなおのこと、無力ではあるが権威にすがってなおも支配者たろうとするものへは、おさえがたい反逆と敵意をいだいたのであろう。「いったい何者だからとて、こともあろうに御所の紅葉を折るのだ」と房人から制せられると、「ようするに御所とは何のことだ、笑止千万だ」と言い放って、いよいよなお大きな枝を折った一族・若党の言葉と行動は、そのまま道誉の意識から発したものであった。

妙法院の焼き討ちに憤った山門僧徒は、道誉の断罪を要求して嗷訴《ごうそ》におよび、さすがにこれを無視しつづけることのできなくなった幕府は、道誉を上総国山辺郡に流すことにした。このときの道誉の一行もおもしろい。近江の大津あたりまでは、若党の三百余騎が見送りと称して道誉の前後につきしたがう。その者たちの持つ靫《うつぼ》の矢は、ことごとく猿の皮で覆って、雨にぬれないようにしていた。そしてかれらの腰も、やはり猿の皮があてられていた（猿は山門の日吉社の神の使いとされている）。手には鶯《うぐいす》の籠をもたせ、道すがら酒宴をはり、逗留の宿々では遊女とたわむれた。そのありさまはまったく普通ではなく、およそ流人のていとはかけはなれたものであった。「これも公家の成敗を軽忽《きょうこつ》し、山門の欝《うつ》陶《とう》を嘲哢《ちょうろう》したるふるまひなり」と『太平記』（巻二十一）は伝えている。もちろん道誉の配流が、途中で沙汰やみになったことはいうまでもない。

目にみえる〝力〟

高師直・土岐頼遠・佐々木道誉らの放埒・無軌道の心性は、つねにみずからの力を目にみえるかたちで表現しようとするものであったから、当然それは行動だけではなく物やすがたにもあらわされた。建武式目の「政道の事」の第一条に「倹約を行はるべき事」というのがある。これの条文をしめせばつぎのようである。

近日婆佐羅《ばさら》と号して、専ら過差《かさ》を好み、綾羅錦繡・精好銀剣・風流服飾、目を驚かさざるはなし。頗《すこぶ》る物狂《ぶつきょう》と謂《い》ふべきか。富者はいよいよこれを誇り、貧者は及ばざるを恥づ。俗の凋弊これより甚だしきはなし。もつとも厳制あるべきか。

ひとは不相応なぜいたくを好み、あや・うすぎぬ・にしき・ぬいとりの着物に、豪勢な絹織物と金銀でかざった剣を身につけている。かざりたてた衣裳や装身具は目を驚かすばかりで、まったく狂気の沙汰というべきだ。富をもつものはますます派手にこれを誇示し、貧者はこれのできないことを恥としている。こうした風潮ほど民間の経済疲弊をもたらすものはない。きびしく禁制すべきであろう。条文の意味はこんなところである。

ところで建武式目は、九州から西上した足利尊氏が叡山の後醍醐天皇をくだし、おのれの権力に合法性をあたえた直後に、いわば幕府の一般施政方針としてだされたものである。足利政権ができてまったく日が浅い段階である。したがってその内容が普通の幕府法より、はるかに観念的で道徳的なところにとどまっているのはしかたがない（笠松宏至『中世政治社会思想』上解題）。しかしそうであればなおさら、この法令が現実の深刻な事態に対処するため、とりあえず緊要なことがらだけを書いたものともとれよう。とすれば、右のような婆佐羅・過差の停止を第一条にもってきたことは重要な意味がある。このこと自体が社会的風潮としてのバサラの深刻さを如実に物語っていたのである。しかも第二条も群飲佚遊・賭と浪費の停止である。

『太平記』（巻三十三）は当時の大名たちが茶の会をはじめ、日々に寄り合いをもよおしたさいの様子を伝えている。そこでは唐物《からもの》・本朝の重宝をあつめて多くの座席をかざりたて、みな椅子のうえには豹《ひょう》・虎の皮がしかれている。そこに座るものどもは緞子《どんす》金襴《きんらん》の衣裳を着飾っている。一丈四方の食膳にはあらゆる珍物のご馳走がならべられている。最初の闘茶の世話人は奥染物（奥州産の染物か）、二番目の世話人は色々小袖十重、三番目のものは南国産香木百両ずつと麝香《じゃこう》三つずつ、四番目のものは金糸の盆にいれた砂金を百両ずつ、五番目のものは造りたての鎧《よろい》と鮫皮《さめかわ》をつかった銀かざりの太刀と柄鞘《つかさや》黄金づくりの刀、それに虎の皮の火打袋のさげたのを、それぞれ引き出物とした。それらのあとにつづく世話人も、「われ人にすぐれんと、様をかへ数を尽くして、山のごとく積み重ぬ」というありさまであったという。

かれらのつんだ莫大な財物は、遊びにつかれたあと、ともの遁世者や見物の田楽・猿楽・傾城《けいせい》・白拍子《しらびょうし》になげすてられた。一般に中世の人間にとって、富というものは近代の信用経済にいう資本ではなく、具体的に手で触《さわ》ることができ、目で見ることのできる宝物でなければならなかった。そのイメージは黄金そのものであった。それを並べたて、そしておしげもなく無意味に使うか、なげすてるかしたのである。オランダの歴史家J・ホイジンガはその著『中世の秋』で、当時の人びとが財貨の使い方において「極端にけちけちするか、むだづかいするか、そのどちらかでなければ満足しなかった」と述べている。

他のだれよりも大きな力を誇示しようとする者たちが極端に「むだづかいする」方に傾いていたことはいうまでもなかった。もちろん、それをするためには極端な「けちけち」が必要ではあったが。

世に類ひ無き遊び

バサラ大名の浪費にはたんなる猥雑と金ピカ趣味しかなかったのだろうか。おそらくそこにとどめてしか評価しないのであれば、明らかにバサラの文化の理解は不十分であるし、中世の芸能を生みだす土壌はみえてこない。こうしたことを考えさせられるのが、貞治五年（正平二十一〈一三六六〉）佐々木道誉が京都西郊の大原野の勝持寺でおこなった花見の宴である。専横をふるう斯波《しば》高経《たかつね》の鼻をあかすためにくわだてたこの宴こそ「世に類ひ無き遊び」であった（『太平記』巻三十九）。

道誉ははじめ、将軍の御所にて高経が主催する宴に参加するそぶりを見せておいた。そして当日になると洛中の「道々の物の上手ども」（種々の芸能の名人ども）をひとりも残さず引きつれて大宴会をもよおし、高経をだしぬいたのである。宴の会場となった本堂まえの庭の結構は、人びとの度胆《どぎも》をぬくものであった。庭には一五メートルにおよぶ桜の木が四本あった。これらの木のしたに一丈（約三メートル）あまりの真鍮《しんちゆう》づくりの花瓶をしつらえて、対の立花につくりなし、その間には胴まわり二人がかえもある香炉を机上において、一斤の名香を一度にたきあげた。香のかおりはあたりに漂い、ひとはみな香積如来《こうしやくにょらい》（維摩経にある仏）の世界にいるような気分であった。庭には幕をはってご馳走と賭物《かけもの》を山のようにつんで、猿楽・白拍子・傾城に舞いおどらせ、そのあとは例の大盤振舞である。

それにしても爛漫《らんまん》と咲き乱れる桜木を、そのまま花瓶にさした「立花《りっか》」にみたてるという趣向は、なんとも奇抜で豪快である。世阿弥は『風姿花伝』のなかで、そもそも花というものは季節にしたがって咲くのであるから、時期がかぎられていて珍しいことの故に、人はもてあそぶのだ、「珍しきを知るところ」は「すなわち面白き心」であって、結局は花と面白きと珍しきと、これら三つは同じ心であるとのべている（錦昭江「日本文芸の源流」『ばさら大名のすべて』所収、参照）。中世の芸術家が花にこだわり、これを表現することが美の課題であると考えたのは、この時代のひろい人間の感性に由来するものであろう。＊道誉のようなバサラはじつはこの時代の花を愛でる感性を直截に体現していた。かれの無遠慮で脂ぎったバイタリティーを同居させた美の感性が、人びとをあっといわせる豪奢なそして斬新・奇抜な趣向をおもいつかせたのである。

＊　箱根・竹の下に戦う道場坊助注記祐覚の児《ちご》は、みなそろいの紅《くれない》裾濃《すそご》の鎧（大袖・草摺の上から下へと縅《おど》しの紅色が濃くなっている鎧）を着て、紅梅の作り花を一枝ずつ兜の真向にさしはさんでいた。

甲冑の色合と紅梅とをあわせ、色彩的にコーディネートさせているわけである。これなども中世の人びとがもつ花についての美意識をあらわしているのだろう。

バサラ大名の「立花」はもちろん、かれらのおこなった喫茶・闘茶とおなじく、完成された芸能というわけにはいかない。「遊び」の域をでるものではなかった。けれども中ノ堂一信氏のいわれるように、花を鑑賞する行為を人工的、人為的に芸能化しこれに雄渾な生命力をあたえたことは、バサラにおいてはじめて可能であった（「『ばさら』の寄合」『日本芸能史』2）。やがて民衆のエネルギーをえて、この「遊び」は中世後期の主要な文化の形質をつくりだすのである。

権力を嗤《わら》う芸能

天魔の所為

内乱のなかに咲きみだれる文化の表象は、それ自体が完成された形式を持つのではなく、そこに生きる者の時代と状況の全体のなかで醸《かも》し出されたた意識が基礎になっている。それは特定の身分と階級に独占されているのではなく、社会の全体によってになわれていた。人びとは誰もが演者であり、そして観衆でもあった。二条河原落書《らくしょ》が「譜代非成ノ差別ナク、自由狼藉ノ世界ナリ」と描写するこのころの歌連歌は、これまでのいかなる権威も秩序もみとめずに、形式と約束にとらわれぬ面白みを集団のなかでつくりだす。皆が演者であり、観衆であるこの時代の芸能のありようを象徴するものであった。こうした自由狼藉の芸能は、内乱期にはいって突然あらわれたのではない。実は中世を貫通する伏流水として存在し、時代の変わり目にはきまってあらわれた。

中世の社会がかたちづくられるころの寺院にみられた延年《えんねん》の芸能が、自由狼藉の芸能のふるい姿である。このあたりの芸能にたちかえって、これから改めて内乱期の芸能についてみることにしたい。さて、「延年」とは『明月記』に「乱遊、延年と号す」とあるから、もともとは僧の乱雑な遊芸を意味していたようである。この延年（乱遊）には、乱闘・合戦をひき起こすほどの、人の神経を昂《たか》ぶらせる不思議な力がみなぎっていた。長承二年（一一三三）比叡山東塔の学生《がくしょう》（修学僧）らは庚申待《こうしんま》ち*の夜の戯れに散楽《さるごう》に興じた。それは苦住者（修行者）の真似を面白おかしく演じるというものであった。これに怒った苦住者は学生をとらえ、縛りあげてから顔に犬糞をかけ恥辱をくわえた。これをきっかけに、今度は東西両塔の学生が群起して中堂の苦住者を襲い、山上は阿鼻叫喚の合戦の庭と化したのである（『長秋記』同年七月二十一日）。

* 庚申の夜には、人身にいる三尸《さんし》が人の眠りに乗じて、その罪を上帝に告げるといわれ、その夜は僧たちは帝釈天・青面金剛・猿田彦を祭って徹夜をした。これを庚申待ちと称し、そのおりの眠気さましに座興の戯れをおこなったのである。

これより前の康和二年（一一〇〇）、園城寺でも騒動がおきている。御室戸僧正隆明の住房羅惹院《らじやくいん》で「延年会」がおこなわれたのであるが、そのときに衆徒不和となって喧嘩《けんか》が出来《しゆったい》し、一方の衆徒が羅惹院を切り払った。おそらくこの場合も、延年の出し物に比叡山の学生がしたような物真似《まね》的な散楽がふくまれており、受け取るものによっては見過ごすことのできない侮辱的な芸態がみられたのであろう。ひとが腹をかかえて大口をあけ笑いころげるとき、面白いと感じる意識のうらがわには、常識や通念によって安定性があたえられた権威を、大胆に愚弄《ぐろう》しているという攻撃的な気分がくっついているものである。

だから面白さが昂《こう》じてくると、そこには明らかに愚弄する相手の怒りまでが、愉快な期待となっておりこまれてくる。おこないすました修行僧の滑稽な物真似が、学生たちにばかうけしたのは、それが苦住者の怒りをさそうほどの挑発にみちたものであったからである。度をすぎているから面白い、この挑発的な散楽（延年の中にふくまれる）がもっとも深刻な事態をもたらしたのは、治承四年（一一八〇）の南都の炎上であった。平氏への反感のおもむくままに、興福寺の僧徒は大なる毬杖《ぎっちょう》の玉をつくって、これは平相国《へいしょうこく》（清盛）のこうべとなづけ、「うて、ふめ」などと口走りさわぎたてた。このときの場面には、面白おかしい物真似的などたばたと烏許《おこ》の当弁（狂言綺語のやりとり）があったはずである。南都の僧徒がこのような騒ぎにうち興じるのは、「天魔の所為」によるものとしか考えようがなかったという（『平家物語』）。はたして清盛の激怒をかい、南都は堂塔伽藍のほとんどを灰燼に帰せしめたのである。

物狂わしく憑かれたように　延年散楽がかもしだす笑いと怒りのどぎついコントラストは、権威・権力を虚仮《こけ》にしようとする力と、権威・権力を護ろうとする力のあいだにこそ、鋭いかたちでくっきりと生じたものと思われる。『三会定一記』という本によれば、白河院の時代から興福寺では延年をしてはならないことになっていたが、暦仁元年（一二三八）の維摩会《ゆいまえ》のさいには、見物の大衆がときにのぞんでこれを催促し、結局は押し切るように催された。また寛元三年（一二四五）の維摩会では、十月（？）十四日「延年これ無し」とあるものの、「十六日夜半にこれ有り、大衆の責めによるなり」という結果におわった。明らかに寺内の上層部は延年を忌避し、やらせまいとしているのにたいし、大衆はこれを好みおこなおうとしていた。

大衆は延年を通して、上層の貴族僧の権威・権力を嗤《わら》い、蹂躙《じゅうりん》しようとした。大衆はこの場で「濫言《らんげん》を吐き」、諷刺的な物真似をもって、権威に裏打ちされた上層貴族僧の秩序感覚と心的安定性をはげしくかき乱そうとしたのである。ところで寺のなかで上層貴族僧への反発の感情がたかまり、それが延年の形をとって噴き出したところの十一、二世紀

延年をたのしむ寺の人びと（『法然上人絵伝』）

堂の前の庭には、裹頭の僧たちがかさなって円陣をつくっている。中ではひとりの舞童が、鼓その他の楽器にあわせて、舞っている。ここは遊僧ら、芸のうまい僧たちの、乱声狼藉の芸がおこなわれる場でもあった。

は、社会の全体がはげしく動き、その動きのなかから中世的な寺院と荘園の体制がしだいに姿をあらわしてくる時代でもあった。このころの寺のなかをのぞき見ると、つぎのようなありさまであった。すなわち僧綱位の登竜門である維摩会の講師の座は、年臈《ねんろう》も智徳もまったく不十分な摂関家クラスの良家の子弟で占められ、仏教界は門閥でかためられていた。しかもこうして上層の役職を独占していながら、良家の子弟は止住しないケースが多く、したがって寺院経済の窮状についてもまったく無関心であった。

こうした状態は寺に止住する僧侶のあいだに、良家子弟である上層貴族僧にたいする反感をうみ、やがて寺にある既存の権力関係をかえようとする志向すらいだかせた。かれらは大衆として階級的に結集をとげ、その結集された力をもって維摩講師の人選に異義をとなえ、あるいは別当の不治（寺院経営の無策）を糾弾し、ついには別当を解任するにいたった。東大寺では康和二年（一一〇〇）、仁和《にんな》寺《じ》系の別当経範を朝廷に嗷訴《ごうそ》して解任させ、安元元年（一一七五）別当に任命された敏覚にむかっては蜂起敵対し、寺務につくのを阻止した。このとき敏覚が軍兵をやとい、寺内乱入・房舎焼き討ちの武闘でもって応酬した。

一方、これはすでに述べたことであるが、畿内周辺の農村では田堵たちがあらそって神人・寄人の身分になり、大寺院におのれの身柄を托身する運動をくりひろげていた。かれらは王朝国家の公郷支配から脱け出し、より安定した個別経営をつくりだしたいと願い、こうした行動をとっていたのである。このために大衆の武力は神人・寄人をのみこんで当然膨脹し、いちじるしく強められることになる。他寺との戦争で南都の大衆が蜂起すると、「金峯山・吉野の軍兵、大和国の土民・庄民、弓箭を携える輩が皆もってあい従う、幾万を知らず」というありさまとなった（『重隆記』永久元年四月十四日）。

延年芸が寺内でさかんにおこなわれるようになったのは、まさにこうして大衆が民衆を呑み込みながら政治的な発言力をつよめていく、その運動のさなかにおいてであった。ここで興味があるのは、僧たちが目でみえるかたちで大衆としての姿をとる場、すなわち集《しゅう》会《え》の場が延年芸にもっともふさわしい空間であったことである。このことの意味を知るには、堂の前庭をうめる「大衆」のありようを見なければならない。かれらはだれもが裏頭《かとう》をし、発言するときには王ノ舞（乱舞のひとつ）を演じるときのにがり声をだした。こうしたことは、個々の僧がもつ常の人格を無化し、ひとつのかたまりのなかに融合させていくためのシンボリックなしかけであると理解できる。

このしかけによって僧たちは、ありきたりの世界を一瞬のうちに脱却し、日常性をこえた存在へと飛躍した。そこでは人びとを縛っている静かで抑制的な修行・修学の生活がたちどころにぶちこわされ、高声とどよめき、笑いと怒号、そして喧騒が空間をおおうことになった。「人間の力の及ぶべからざる」そのような不思議な状況のなかを物狂わしく憑《っ》かれたように、乱声狼藉の延年芸はおこなわれたのであった。それはちょうど、僧たちが赤や黒の威し毛の甲冑を身にまとって、光りきらめく大長刀《なぎなた》をにぎりもち、大げさな身振りですがたをあらわした、あの場でのことにほかならなかった（「武装の行粧」の章参照）。

公家人疲労のこと

鎌倉時代の寺院大衆は、荘園を支配するのに必要な武力の部分を担当するのにとどまらず、政治的な権力の主体となって民衆のまえにたちあらわれた。東大寺での統治機構として年預所が設立されたのは、このことをなによりも雄弁にかたっていた。結集団体の大衆はみずからの内部に秩序と制度をそなえもち、ついに荘民統治の機構として年預所を産んだのである。このような寺院大衆の権力化と体制化は、寺内におこなわれる延年芸能に大きな影響をあたえたにちがいない。大衆の反逆的エネルギーが消えうせたことによって、延年会からはかつてのような粗野と無軌道の荒々しさはみられなくなり、芸能の内部にも秩序と制度が重んぜられるようになっていった。秩序だてられた形式の創造が美的要素をふくらませながら、反逆と諷刺にとってかわっていったにちがいないのである。

それでは寺院の延年芸能から抜き取られた反逆・諷刺の性情は、その後どうなったのだろうか。ここで確認しておきたいのは、これが鎌倉時代を通じて消えてしまったのではなく、南北朝・室町時代の猿楽狂言の精神にうけつがれ、しぶとく活きつづけていたということである。このことは延年から系譜をひく猿楽狂言にたいして、旧権力がとった反応をみれば明らかである。伏見宮貞成《さだふさ》の『看聞日記《かんもんにっき》』によれば、応永三十一年（一四二四）三月十一日に猿楽たちが伏見荘のお宮（御香宮）で「公家人疲労のこと」を種々狂言してみせたが、これを観た貞成は「故実を存ぜず尾籠《びろう》のいたり」であると憤り、楽頭を呼び出して追放した。

公家貴族の荘園が大きく動揺・解体した時代の背景をふまえ、日々の窮乏のくらしぶりを滑稽に演じたのであろう。公家居住の在所でやってのけたその芸能は、かなり刺激的であったものと推測される。また山門においては、猿楽をみた山法師が演者を刃傷するという行為にでた。演者は日吉山王《ひえさんのう》の使いである猿のことの狂言をしたという。猿のことの狂言がどのような芸能であったか不明であるが、これがもとになって山法師が演者を斬りつけたというのであるから、日吉山王の権威を護ろうとするものには、許しがたいものであったのだろう。そこには先に述べた佐々木道誉の挑発行為に通じる気分がみなぎっていたのだろう。さらに仁和寺では、「聖道法師比興《ひきょう》の事」など狂言せしめた猿楽の徒が、御室から罪科に処せられた（『看聞日記』応永三十一年三月十一日）。「比興」とはある事を何かにたとえて興ずることであるから、自力で悟りを得ようとする聖道門の法師を何かにたとえて面白おかしく演じたのであろう。

貞成はいう。猿楽というものは、演じる場所によって「斟酌《しんしゃく》」する（内容に手加減をくわえる）ものだ、そのような故実を知らぬとは奇っ怪なことだ、と。貞成のいう「故実」は、猿楽がのちに武家の庇護のもとにおかれると、確固不動の様式と結びついて、芸のおもしろさを失わせることになる。しかし、この時期には、いまだそのような「故実」などは無視する仮借のなさが、猿楽の本質をしめていた。

地下猿楽のふるさと

都の猿楽・田舎の猿楽

内乱のさなかの京洛では、おびただしい数の人びとが家を焼かれ飢《う》えにくるしんでいた。建武三年（一三三六）に足利尊氏が入京し、その後「イクサ（戦）ハシマルアイタ、キヤウ（京）シラカワ（白河）ヤケウセ」たというが（『祇園社記続録』建武三年十二月、『大日本史料』六―三、九五七ページ）、戦争の中心はいつも都であったから、京洛は武士の館のほかは「在家の一宇もつづかず、離々たる原上の草、累々たる白骨、くさむらにまとはれ」るという風景は、合戦のたびに出現していた（『太平記』巻三十三）。こうした荒涼のなかを吹きすさぶ風にのって、バサラ大名の邸宅からは猿楽・田楽・白拍子の囃子《はやし》、舞いうたう声が毎夜きこえていた。

『太平記』を読むと、この時代の猿楽は他の芸能とおなじく、戦闘階級の武士どもが密集する都市を生息のねじろにしていたかのようである。かれら猿楽の芸能民がもっともけちで強欲な、そしてべらぼうな浪費をたのしむ新興武士のまわりに寄生していたことは事実である。そのことによって、あたらしく農村に誕生した猿楽は、粗野のものから派手やかな、そして洗練されたものへと発展したのである。民衆的な文化がときとして、一見くだらない成り上がり者の富に吸着して、時代を代表するような華麗なものへ自己をみがきあげるのは、この場合に限ったことではないが、やはりそのまま認めねばならないことがらではある。ところで内乱期に都市につながっていく猿楽は、農村のどのような社会的な環境のなかで生み出されたのだろうか。

このことを歴史的に理解するには、芸能を創造し受容する主体としての地域社会が、荘園体制の解体過程のなかで、出現してくるという在地の変化と、この変化が悪党の猖獗《しょうけつ》とともにやってきたことの意味を考える必要がある。建武元年（一三三四）、黒田荘の黄滝山寺が本所である東大寺にむかって敵対をはじめた。この寺は荘域の南方の、大和と国境を接する山間にふるくからある修験信仰の聖地であった。役小角《えんのおづぬ》行道の勝地としての所伝をもち民間の信仰をひろくあつめていたこの寺は、荘園の支配を確立した東大寺によって、鎌倉時代の前期には末寺としてとりこまれていた。それが悪党の反抗によって寺家の支配がゆらぐと、東大寺の末寺であることを拒否しはじめたのである。

ことがここにいたるまでの黄滝山寺には、黒田荘出身の東大寺僧が氏人になって直接はいりこんでおり、在地の荘民とともに共同で祭礼を管理していたらしい。黒田弘子氏によると、高野山領鞆淵《ともぶち》荘の氏人は有力な階層であって、かれらは高野山の僧侶になることによって、権力の一端をになう支配者の立場から地下《じげ》の祭礼にかかわっていたという。黒田荘の氏人も、かれらが寺家敵対の黄滝山寺僧（山伏）の住房を、往古の規式なるものにのっとって検封しているところをみると、東大寺の尖兵《せんぺい》でもあったようだ。また黄滝山寺にかぎって「氏人」が存在しているので、おそらくかれらは同寺の祭礼をとりおこなう人びとであったにちがいないのである。

荘園の骨組みである名《みょう》の体制が実質的に解体するなかで、寺家との関係からもちこまれていた荘官・名主《みょうしゅ》・百姓などの身分制度は、在地の日々の生活のなかではさして意味をもたなくなった。むしろかれらは地域の生産と暮らしのなかで醸し出されてくる村人《むろうど》としての一体感の方がずっとつよく意識されるようになった。こうして地域社会が誕生すると、それにふさわしい地域の祭祀と芸能が村人によって創造され、担われるようになるのである。そうなると、東大寺系の氏人の主導権は失われていかざるをえない。黄滝山寺が東大寺の支配を拒否する動きをみせたころ、田舎の猿楽は氏人からはなれ南都の芸能の影響から脱していったのではなかろうか。そして、いっそう地域民衆の受容にこたえる芸能へと姿をかえていったのではなかろうか。地域の誕生と悪党の秩序破壊が同時的に進行する混沌は、田舎の猿楽がさかんになるための活気にみちた条件でもあった。

伊賀のコムノカミ入道

祭礼の主導権が東大寺の僧（氏人）に握られていたころの、この修験信仰の聖地には、もともとの土俗的な修験芸能が存在しており、その土俗的な芸能のうえに奈良の延年その他がながれこんでいたと考えられる。もともとの修験芸能は呪師走り・反閉《へんばい》など結界鎮壇の悪魔払いを主とする呪禁的芸能であろうが、それはまた招福除災の猿楽と融合する遊行的芸能ではなかったかと思う。黒田荘に住む人びとの名を検すると、三郎大夫《たゆう》・刀禰《とね》大夫・太夫ケンケウ（検校）・ケムチヤウ（玄象か）太夫など「大夫」・「太夫」のつくものが多数みいだされる。そして黄滝山寺の出口からそう遠くない星川村にはコムノカミ入道なるものがいた。

「コムノカミ入道」こそ、「大夫」・「太夫」名をなのる猿楽の徒を統率する権守《ごんのかみ》入道にほかならない。このことにはじめて気づいたのは樋口州男氏であった（『中世の史実と伝承』東京堂出版、一九九一年）。この発見によって、黒田荘が伊賀猿楽の活動舞台となっていたことがはっきりした。いまとなっては、ほとんど芸能の痕跡をとどめない赤目滝の一帯（黄滝山寺のあったところ、現在その後身である延寿院がある）が、かつては修験の芸能の拠点であって、そこのところを中心にして在地の民間猿楽は活動していたものと考えられるのである。あとで触れるが、赤目の修験信仰圏にはいる竜口《りゆうぐち》村の、鎮守の棟札に記された村人名のうち「太夫衆」というのがみられる。これが民間猿楽の活動をいまに伝えるわずかな痕跡と考えられるのである。

承久三年（一二二一）、この黄滝山から十二天像が天神に化して出現し、それがあたえる殊勝の利益は掲焉《けちえん》（あきらか）であるという噂がたった。これにより「遠近より、もとより世を挙げて、参詣をくわだてる、したがって参詣すれば、ことごとく所願は満つ、ほとんど天下無双之地というべし」という景況を呈するにいたった（承久三年二月黄滝山練行衆愁状）。こうした突発的な奇跡と人びとの憑《つ》かれたような参詣の風景は、いつでも民衆の芸能が呼吸し、躍動する祝祭の風景であった。そういえば同じような風景の描写が『峯相記』にもある。播磨国の蓑寺《みのでら》というのは、旅人が捨てた古仏を本尊にして、村人が板葺《いたぶ》きの堂をつくったことからはじまる寺であるが、その信仰の賑わいは驚くばかりであった。いまそのありさまをみるとつぎのようである。

蓑寺と申すところの仏（薬師・観音の両像）を人びとが崇めたてまつると、自然になんでも願いがかなない、祈ることは何でも無駄にはならないといわれている。仏の利益《りやく》は掲焉であるから、郷土のものは皆声をそろえて誉め讃え、上下万民こぞって参詣をする。そうすると盲人はその場で眼をひらき、腰の折れた者はたちまち立ちはしった。どんな病気も快癒し福寿のうたがいないこと、掌《たなごころ》をさして明らかだと言い騒ぐ。（正和二年の）七、八月のころには、播磨にかぎらず摂津・和泉その外辺土のもの、京のもの、田舎のものらが集まってきたから、二、三里のうちは諸方の道はごったがえして通れない。寺では一万部のお経、九品の念仏、管弦、連歌、田楽、猿楽、咒師《じゅし》、曲舞《くせまい》がおこなわれ、乞食・非人がたくさん群がる。昼夜のありさまは市をなすようである。

黄滝山寺を参詣する人びとの「ことごとく所願は満つ」という確信と歓喜、それにかれらがつくりだす賑やかな混雑は、ちょうどここにみえる風景と同じようなものであったろう。中世の社会は低い生産力にあるから、災禍と欠乏にたいして民衆は抵抗する術をほとんどもたなかった。飢えや病が人びとにとって、苛酷であればあるほど、信仰をとおしてしか感じとることのできない身体の健康と機能の回復は、人を動かし乱舞させるだけの晴れやかな喜びとなった。それはせつない願望であり、そして幻想であったのだが。そのような束の間の幻想によいしれる祝祭の空間に、お経・念仏・管弦・連歌・田楽・猿楽・咒師・曲舞などの芸能はところを得ていた。黒田荘の芸能民たちもコムノカミ入道にひきいられて、こうした空間に身をおき謡《うた》い舞っていたのである。

芸能の消長

畿内の各地には、地域の寺や神社の信仰と祭礼に結びついて、数多くの地下《じげ》の猿楽が活動していた。近江湖北の菅浦《すがうら》というところは、陸は山によってさえぎられ、湖面にだけしか交通の窓口をもたない。そんな僻村ですら、村内須賀神社の祭礼には敏満寺の座衆が虎若大夫にひきいられて出張し能楽（猿楽）を演じていた。このことは、いかにひろく多くの猿楽の小集団が活動していたかをよくしめしている。

そうした猿楽芸能民のなかからあらわれ、いまだ田楽・曲舞その他雑多な要素をふくみもつ猿楽に、独自の芸域をつくりだしたのが観阿弥《かんあみ》であった。*観阿弥は北伊賀の浅宇田荘の地侍服部元成の子として元弘三年（一三三三）杉ノ内に生まれた。かれの母親が河内玉櫛荘から来た楠木正成の姉か妹にあたる人物であって、この通婚をなかだちに河内の楠木と伊賀の悪党の討幕反乱の戦線が形成されていたことはすでに述べたとおりである。幼名を観世丸といったかれは長谷の猿楽法師の預かり人になり、その後山田猿楽の小美濃の跡をついだ市太夫家光の養子となった。成人すると、伊賀の小波田というところで一座の建立をした。これは観阿弥の妻が小波田の領主竹原大覚法師の女《むすめ》であったという事情によるものであった。妻の実家からなんらかの援助が期待されてのことであった。

＊観阿弥の出自については、伊賀の郷土史家・久保文武氏の研究がある。久保氏は上島家本観世系図を紹介して、それがたとえ近世の伝統意識の復活によって肉付けがなされているとしても、その骨格はかなりはやくできあがっていたものと考えられ、同系図を「相当正確な観世伝承」を基礎とするものとみた。同系図にたいするこうした史料的な性格づけは、丁寧な文献の考証と実地の踏査をベースとするから説得性がある。久保氏が明らかにされた観阿弥の母の出自と伊賀悪党との関連は、こんごなお研究を深める大切な論点である。

やがて観阿弥の一座は大和結崎《ゆうざき》村に移住して、この地名をもって結崎座と称した。結崎座の後身観世座はしだいに勢力をつよめ、ついには格式のある醍醐寺清滝宮の楽頭職を榎並座にかわって手にいれ、完全に他の諸座を圧倒するにいたる。そうしてさらに、今熊野《いまくまの》の猿楽興行のおりに観阿弥・世阿弥の父子は足利義満の眼にとまり、これを機に都市の封建階級に深々と結びつくことになった。世阿弥が義満の寵愛をうることになると、世間の大名はみな観世座をおもんじ、義満の意にそわんと財産を出してこの稚児（世阿弥）にものをあたえた。大名らはきそって大盤振舞をした。その費用は巨万におよんだという（『後愚昧記』永和四年六月）。

世阿弥の猿楽はその後衆人性をおもんずる方向と、貴人性に重点をおく方向の葛藤なり矛盾をもちつつ、林屋辰三郎氏によれば、けっきょく衆人の道を否定し権力と密着した所の貴人中心の芸能へと完成させていったのである（『中世芸能史の研究』岩波書店、一九六〇年）。それにしても、世阿弥による猿楽芸能の洗練が、都市の封建階級の派手な浪費と結びついて実現されていくというのは、この節のはじめに述べたバサラと猿楽の関係の線上に、中世の演劇芸術があらわれるということを証明するものとして興味ぶかい。一方、伊賀の村々には衆人に密着した地下の猿楽が息ながく、地方の農村的な文化として存在しつづけた。

竜口村の芸能の環境

黄滝山寺に近接するところに竜口《りゅうぐち》村という山間の集落がある。村は伊賀と大和の国境に存在したために現在はこの村は奈良県宇陀《うだ》郡の竜口村と三重県名張郡の竜口村にわかれて存在する。名張の竜口（北竜口）は宇陀の竜口（南竜口）から分出してできた村だから、南竜口の方が歴史的には古いが、その古い方の南竜口の地侍である百地《ももち》氏が大江氏を祖とする所伝をもち、大屋戸の杉谷神社の祭祀にかかわっているところをみると、南竜口までをふくみ中世の時代には伊賀国に属していたようである。丈六《じょうろく》村で伊勢大道から分岐した赤目道が一ノ井村をぬけ、室生《むろう》山塊に奥深くはいった長坂村をすこし過ぎたところには、いまも「右　竜口」ときざまれた石の道標がたっている。山の斜面にそって谷の奥へとすすめば黄滝山寺であるが、ここで右へ折れて山をのぼり越えれば竜口である。竜口村は赤目道と深いところでつながっていたことが確認される。

赤目道はかつて鎌倉時代に、十二天像の出現と奇跡が流布されて、突発的に黄滝山寺へ参詣する人びとでにぎわった道である。まるで播磨の蓑寺に通じる道のように信仰の熱情と華やかさが、間歇《かんけつ》的におとずれたに相違ない。この道がもつそうした宗教的な色彩と、黄滝山寺に熊野や高野の修験・聖がはいりこんでいたことを併せ考えると、沿道の村である一ノ井村に「道観長者」の伝承が存在するのも自然に理解できる。伝承にはこの地方の長者の没落と妻子の業病（らい病）、病祈願の熊野詣で、熊野三社再建の浄財の寄進などが、東大寺二月堂のことなどとともに語られている。おそらくそこには、この地方の人びとの生活がおりなす実際の苦悩や、見聞きする人の世の無常と、そうしたことを説明づける漂泊の聖《ひじり》・巫女《みこ》・芸能の徒の説教語り、そして語りを聴き涙する民衆の思いといったものがふくまれているのである。竜口にはいる道は信仰と芸能の道である赤目道から分岐していることを注意したい。

そうすると竜口村（南竜口）の白山神社の棟札にある人の名前は、やはり大きな意味があると思う。棟札は文明十八年（一四八六）・天文七年（一五三八）・永禄十二年（一五六九）のものである。文明の棟札には造替の祭式にかかわったものが、地頭・殿原のほかに一三人記されており、そのなかの一〇人までは太夫名のものたちであった。天文の棟札にあるのは地頭・殿原以外はすべて太夫名である。永禄のものは、表が「スワウ衆」として二郎太夫・若太夫・刀禰太夫が記載され、裏面には「太夫衆」として一〇名のものたちが記されている。「スワウ衆」の二郎太夫は文明・天文の棟札にもその名がみえ、若太夫・刀禰太夫は文明の棟札に同様にみられる。スワウは素襖《すおう》であって、菊綴《きくとじ》や胸紐に革緒をもちいた直垂《ひたたれ》の一種をいう。「スワウ衆」は烏帽子《えぼし》・素襖のすがたで、地下の猿楽を代々主宰する芸能の民ではなかったろうかと思う。「太夫衆」はかれらに差配されて芸能を奉仕したものと考えたい。

赤目・黄滝山寺の信仰と芸能は、長坂山をひとつ越えたところの竜口村に意外なほど大

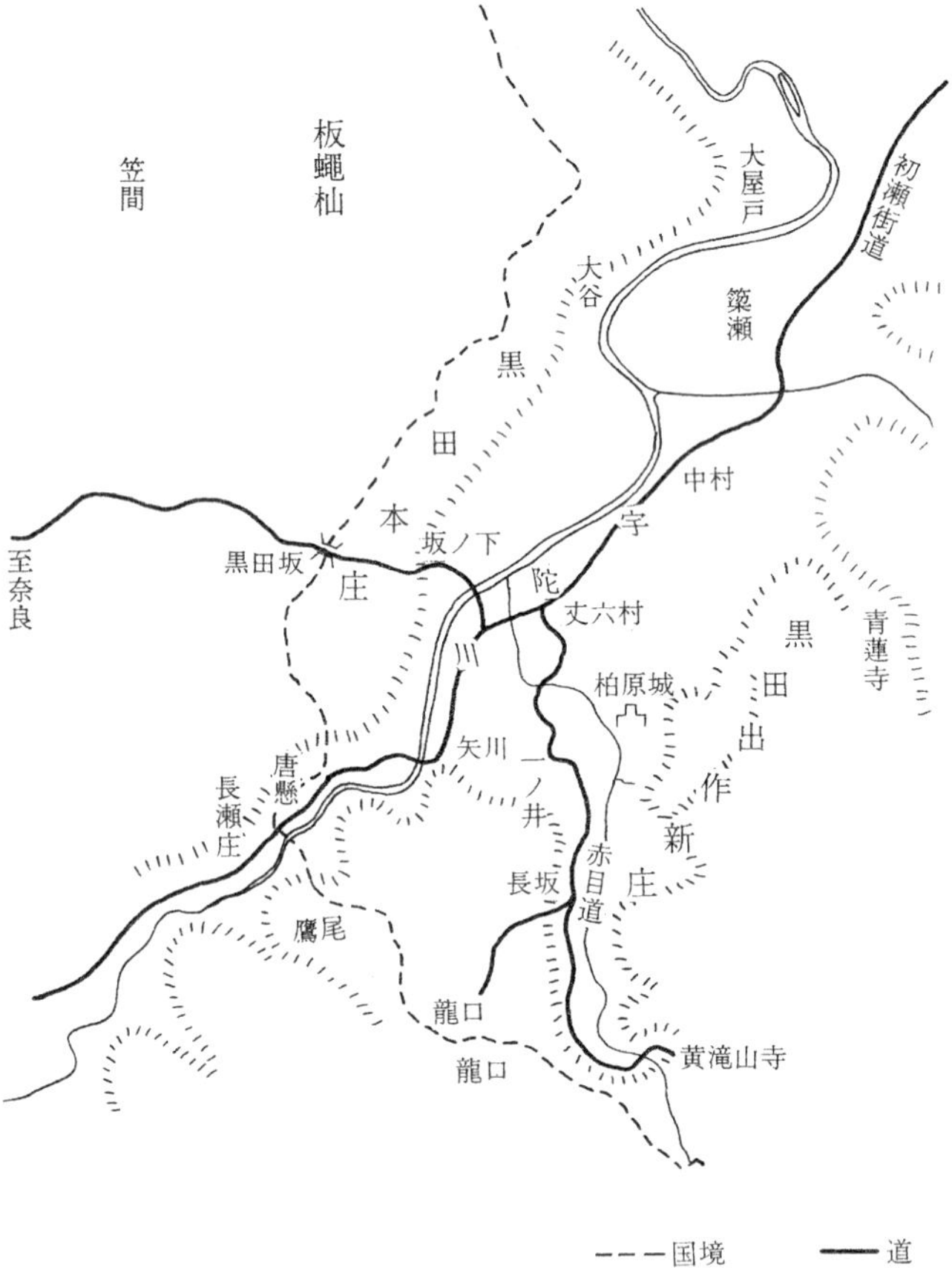
笠間
板蠅杣
大屋戸
初瀬街道
大谷
簗瀬
黒
田
本
庄
至奈良
黒田坂
坂ノ下
中村
宇
陀
川
丈六村
柏原城
青蓮寺
黒
田
出
作
新
庄
矢川
一ノ井
唐懸
長瀬庄
赤目道
長坂
鷹尾
龍口
龍口
黄滝山寺
国境
道

黒田荘・赤目道の関係図

きな影響をあたえ、それは戦国時代にいたっても猿楽の芸能としてのこっていたのではないだろうか。竜口の地侍である百地氏には高野・熊野の修験者が深く関係していたことは、すでに久保氏が明らかにしていることである。百地氏と忍びと隠形の印との連関するイメージもけっして根拠のないものではなく、赤目道とその一帯の宗教的・芸能的な環境のなかで考えるならば、むしろある種の現実感すらおびているのである。*

＊　忍びは敵に遭遇すると、隠形の印を結んで「ヲン・ア・ニ・チ・リン・エイ・ソ・ワカ」の呪文（摩利支天《まりしてん》への加護を期待する呪）をとなえる。各種の印契を結ぶのは、宗教的な理念を象徴的に表現する修験の行法からきている。

さてこうして在地にのこった伊賀の猿楽が、その後どうなったかはわからない。ただつぎのことには、注意する必要がある。つまり伊賀の地侍はかねてより、地域の一揆体制（コンミューン）をつくりだしていた。しかし天正九年（一五八一）織田信長によって解体壊滅させられた。そのときのことである。最後の抵抗線である柏原の城（この城は赤目の谷の開口部、滝川の右岸に位置していた）にたてこもる伊賀衆のまえに、大和の大倉五郎次なる猿楽太夫があらわれ和睦の仲介をしているのである。このことはこのころまで、いぜんとして猿楽と地侍住民との間になんらかのつよい関係があったことを暗示する。と同時に、この地方の中世芸能が地侍の一揆と運命をともにしたことを想わせるのである。

悪党の終焉

生きる力をもたない者

京の役人に兵部少輔《ひょうぶのしょうゆう》というものがいた。あいつぐ戦乱のために家財をうしない、従類・眷属《けんぞく》は離散し、家は没落した。都にたよるべきものもいないこの男は、七歳の女の子と九つになる男の子、それに妻をつれて丹波国へおちていった。井原村の岩屋寺のまえを流れる川のところで、腹をすかせ疲れはてた子供と妻は、うごけなくなる。見かねた男はとある武士の屋敷をたずねてゆき、そこで物乞をしたが、屋敷の侍・中間にあやしまれ拉致《らち》されてしまう。川の端に疲れ伏す妻子は、いまかいまかと帰りをまったが、男は帰らない。

そうするうちに、旅の人が「ああ、かわいそうに、京のものだろう、四十歳ぐらいのものが、あの家に疲れ乞いをして、捕らえられ、縛りあげられて拷問されていた、今ごろはもう責め殺されてしまっただろう」というのを聞いた。「もはやだれにすがって生きる意味がありましょう、遅れて死んだら冥途《めいど》の道に迷ってしまいます、おいていかないでください」と泣き悲しむ妻と二人の子供は、やがて川の淵に身をなげる。いっぽう、兵部少輔はもともと咎がないから、拷問をゆるされ身柄をとかれた。この男は妻子の飢えをなんとかしたくて、やっとのことで別の民家から木の実などをもらって、川端にもどった。しかしすでに妻も子もそこにはいず、すこし下流で変わり果てたすがたになっていた。男は女房と二人のこどもを抱きかかえ、もとの淵に飛び込んで自ら生命を絶った。

このはなしは『太平記』(巻三十三)にあるもので、戦乱のなかで発生する不条理な、ひとの運命をつくづく感じさせるものである。戦乱の被害者は必ずしも庶民階級だけではない。むしろ、この話で感じるのは、それなりの官職と身分をもつものであっても、いったん没落して戦乱のなかに放りこまれれば、まったく生きていくだけの力を持ち合わさず、それだけ働く庶民よりもいっそう悲惨な境涯に追い込まれてしまうということである。かれは狭い都の、それも役人の世界しか知らない。働く庶民なら現実の社会の危険を、生活の経験をとおして知っているから、知らない武士の館になどへはまちがっても近づかなかったであろう。

武蔵国の武士の館では主人みずからが、「馬庭の末に生首絶やすな、切り懸けよ」といい、また「この門外通らん乞食・修行者めらは、益あるものぞ、蟇目鏑《ひきめかぶら》にて、駆けたて駆けたて追物射《おものい》にせよ」といってはばからなかった。門前を通行する商人・山伏・子供などの身柄は家人が飛び出してきて捕まえた（『男衾三郎絵詞』）。奴隷にでもすれば、経済的に価値があるからだろう。そうした武士の強欲と野蛮・残酷は、戦乱の時代にはいって、さらに高じていたにちがいない。兵部少輔が館の中門の付近にたたずんでいると、走り出てきた侍・中間ども十余人に、「用心の最中……夜討・強盗の案内見るものか、しからずは宮方の回文持って回る人にてぞあるらん」と疑われて捕まってしまったのである。男は武士の恐さにたいしてまったく無知であり、無警戒であったというべきである。

旅の途中に不用意にも、地頭の屋敷に身を寄せたために、すんでのところで拘束されて下人にされそうになった都下りの高級貴族の女性がいた（『とはずかたり』巻五）。この場合も、都の狭い宮廷世界に生きる人間が、多元的で互いに自律的な法のもとにある現実の社会が、いかに危険な世界をもっているか、わかっていなかったことを証明している。戦乱による「不条理」な被害は、案外にこうした世間を知らない都市貴族の家族に、まともに及んだのである。

しぶとく生きる民衆

中世の戦争はたいがい交通の要衝でおこなわれた。とくに建武三年以後の足利尊氏と後醍醐政府軍の抗争が政治へゲモニーをめぐる乱戦状態になると、京都とそれにつながる交通路が戦場になった。道路の交差するところ、川や海に面して道路の切れるところ、そのようなところには市がたち、津や港が発達して人や物があつまっているから、殺気だった軍勢が陣地にしたり戦闘をまじえたりすれば、庶民の安全はいちじるしく脅かされることになった。宇治川の渡河点で尊氏の入洛を阻止する楠木正成は、敵に陣をとらせないために付近の在家を一宇ものこさず焼きはらったというが、このような放火は戦争のたびにどこでもみられたことである。

尊氏入洛のあと都の様子はどうかというと、祇園社の記録によれば、つぎのようであった。

> けんむ三年ヒノエ正月十日、太上天皇山門エ行カウ《(行幸)》ナラセ給、アシカ《(足利)》、ノシヤウクン《(将軍)》ミヤコヱイ《(入)》ラセ給ニヨリテ也、（中略）イクサ《(戦)》ハシマルアイタ、キヤウ・シラカハ《(京白河)》ヤケウセ、サ、□□シキタルアイタ、ニケカクル、

いったん東坂本に退いた後醍醐の軍勢は北畠軍の力をえて反撃に転じ、粟田口《あわたぐち》から足利

方の待ち構える三条河原におしだした。新田義貞勢はこのとき魚鱗《ぎょりん》の戦闘隊形をとり足利勢につっこみ、えんえん四時間にわたる敵味方いり乱れてのすさまじい太刀打ち斬撃の戦闘をまじえた。戦場は三条河原から二条河原、さらに中御門河原へと移ったというから、「キヤウ・シラカハヤケウセ」とあるのは、三条・二条・中御門の河原を中心にその両側の市街地（京・白河）が焼亡したということである。正月の二十七日にふたたび後醍醐軍は京都へ猛攻撃をくわえた。このときは二条から五条にいたる賀茂川辺が戦場になり、とくに二条河原に密集する足利軍を攻めた新田勢は、ついに敵の軍勢の脇腹をおしにおして突き破り、京の市街地になだれこんだ。耐えかねた尊氏は京都から逃れ西へ走ったのである。

わたしたちは戦争の記録をみるとき、ともすれば戦局の推移にのみ関心をもっていきがちであるが、しかしこのさい右に見たような戦争が、どれだけ庶民の生命と生活をおびやかしたか、そのことにも想像をめぐらすべきである。

しかし、一方ではこの時代の民衆を、戦争の劫火と掠奪に打ちのめされるばかりであったとみるわけにはいかない。彼らは生活のなかで鍛えた身をまもる術をもっていた。いまみた洛中市街戦にさきだって、すでに足利軍の京都接近の報に接すると、京・白河では家屋を取り壊して堀に入れ、浮かべた材木のうえに家財を積みひっこすものでごったがえしたという。「サ、□□シキタルアイタ、ニケカクル」というのも、人びとの避難の様子をつたえている。この場合は、まわりに笹や柴をひきめぐらして家を呪的な聖域にし、それからどこかへ逃げ隠れたものだろうか。

また家屋を焼かれたとしても、もともと庶民の住屋は掘立小屋であるから、すぐもとのように建てることができる。わが国の中世民衆は生活の破壊にたいして、思いの外速い復元力をもっていた。そしてひと戦《いくさ》がおわると、人びとはなにごともなかったように、それぞれの生業をはじめるのである。すでに触れたように、戦争があったその日の夜だというのに、清水坂には立君が袖をつらね、座頭が琵琶をかきならしていた。

「平和」をもとめて

南北朝の戦乱時代を通過するなかで、悪党の世紀は終ろうとしていた。悪党だけがつきしたがえた体制外の「武」は、いまや時代の状況の全面をおおうにいたり、かえって悪党の概念をうすめ消そうとしていた。荘園体制の一揆的構造が社会の秩序をつくっている時代には、「武」の要素を排除したところの一揆の「作法」が民衆のたたかいの枠になっていたから、この枠をゆさぶり破壊する悪党はいやおうなく人びとの耳目をあつめた。あるときはその暴力のために畏怖され、またあるときは反権力の小気味よさに、彼らの狼藉は「ヤレ！　ヤレ！」とばかりよろこばれた。

それが秩序の全体がくずれ、民衆のあらゆるところに「武」的要素がはいりこむと、悪党のどぎつい光はうすれざるをえなかった。そして一方では、民衆は荘園本所の支配から離脱することによって、寺院を場にするのではなく地域の村を場にした共同体を形成する。地域の共同体が秩序として姿をあらわすと、悪党的なものの棲息環境はすこしずつせばめられていった。民衆世界の「武」の要素は個人のものから村のものへと公共化し、秩序化するのである。

畿内とその周辺の村では、個人の主権が制限されることによって村内の私闘が禁じられ、個人間の紛争の解決は共同体の寄り合いにゆだねられることになった。こうして村の自治と「平和」の方向が民衆のもとめる方向になっていった。しかしこの方向へ運動力学がつよくはたらくと、村の外にたいして戦闘的にならざるをえない。内側の徹底した「平和」の実現が、村の主権強化を条件にする以上、かえってそのための戦争を、外にたいして必要とするということになった。村の境界・山野・用水をめぐる隣村との争いのなかで発動される村の主権は、武力の行使というかたちをとらざるをえない。そして武力行使がまた、村の主権を保障するものでもあった。中世後期にあらわれる「惣村」が必ずしもバラ色ではないのは、七、八十にもなる老人や女までが、弓矢をとり水をくみ楯をかつぐ菅浦の村人の姿を想い浮べれば十分である。悪党的な実力闘争の武力は、いまや村落主権の武力となって村人の全員に分かちもたれ、そして隣村と山野・用水をめぐる戦いをになわなければならなくなったのである。

村同士の戦争に苦しむ人びとは、こんどは自分たちの村落主権を削って他の村々と「平和」協定を結ぶ。ここに一個の地域的な「平和」団体としての一揆体制が出現するわけである。他村との紛争が「弓矢の沙汰」になるのを、未然に抑止して「平和」を維持しようとしたのは、松浦党の国人武士に似ているが、それが領主間ではなく村落間の一揆であって、民衆自身の生活のための一揆であったことは忘れるべきではない。かれらは上部の封建権力の保護をもとめるのではなく、自治によって生きようとした。

この一揆こそが中世後期の民衆が手に入れた政治の知恵にほかならなかった。悪党が活躍した伊賀国に、「惣国」という地域一揆体制の出現をみたのは、悪党の武力が地侍と百姓からなる村の武力、自治の武力に転化したことを暗示している。

あとがき

資本主義はわたしたち人間社会のあいだに、たえまない生産諸力の発展を要求しつづけてきた。そしてこの生産諸力の発展と商品経済のるつぼのなかで、わたしたちは、これまでもち伝えてきたある種の観念をゆさぶられ解体されようとしている。それは流行《はや》りすたりのある商品のように、雑多な観念やイデオロギーがあわただしく現われては、おしあいへしあいしているからだけではない。半導体と集積回路の登場ともあいまって、社会システムの円滑な運転に、もはやなんらの原則や道徳・理念を必要とせず、まるで純粋に物質的・技術的な管理さえあれば、この世の中がなりたつかのような気持ちにさせられているのである。実際いきた人間をおしかくすように、有用性と効率性とテクノロジーが社会のうえに君臨している。

だいたい原則とか理念といったものは、事物にたいしその意味を問うことから発する観念である。〈権力〉も〈支配〉も〈階級〉も〈闘争〉も意味の問題をなかだちにして、人びとの頭のなかにくみたてられるし、事物からはなれてはありえない観念（…思想）をつきしたがえるのである。ところが有用性と効率性・テクノロジーは意味の社会的な生命を大規模に失わせることになった。生活全般のなかで人は、じゃまくさい意味などをすっとばしてしまい、考えることをしなくなった。資本主義はいまや「イデオロギー的意味を押しつけるのではなく、イデオロギー的な意味を破壊することによって、みずからを維持している」のである（テリー・イーグルトン『イデオロギーとは何か』平凡社）。

それでは個々の人間が事物にたいして意味を問うことのない社会が、わたしたちの生活の全面をおおうということは、どのようなことを物語るのであろうか。それはわたしたちにけっして生気をもたらすものではない。陰気な権力犯罪や政治汚職から巷の風俗・麻薬・暴力にいたるまで、もろもろの不正や頽廃の棲息条件にはなっても、体制に異議をとなえる変革運動をつくりだす条件にはならず、むしろその主体形成にとってきびしい環境の出現というべきである。ものごとの意味にこだわるということは、なまみの人間をとりかえすために、なによりも必要になっているのである。それにしても、かつて中世の悪党がもっていたあの粗野な人間臭さ「意志的な悪」（黒田俊雄氏による）は、有用性とか効率性といったもののまえに、いよいよもってわたしたちの身体からは消え失せようとしているのかもしれない。

ところで六年ほど前にわたくしは、恩師の竹内理三先生の推挽をえて、悪党についての研究書を出版する機会をえた。その後多くの同学の士、あるいは先輩研究者から、悪党の理解をめぐってあたたかく、しかし厳しい批判を頂戴することができた。なかでも海津一朗氏の書評（『史学雑誌』第一〇〇編第四号、一九九一年）は、私の錯雑した論旨をまことに丁寧に整理され、そのうえで主要となる論点の矛盾や破綻を、明晰にえぐりだしてくれた。その一つひとつに本書がどれだけ応えたものになっているか、はなはだ心許ないというのが正直なところである。

が、悪党が傭兵武力となって内乱の帰趨を制すといいながら、その歴史的な帰結については明確な展望がないという批判に対しては、武力と「一揆的構造」の行方から多少なりとも解明したつもりである。そのさい、悪党を個の分解ととらえるのみの先著での認識を、私的な武力の拡大・村の武力への転化をも視野にいれる認識にあらためた。この点、拙稿の「中世民衆の一揆と武力」（『前近代史の新しい学び方』青木書店、一九九六年）をあわせ参照していただければ幸いである。

つぎに本書の原稿であるが、原則として書きおろしをこころがけたが、五章の「バサラの美意識」と「権力を嗤う芸能」の二つの節、六章の「しぶとく生きる民衆」の項で、すでに発表したもの＊を書き改めて使ったところがある。また、本の性質上くまなく典拠を明示し注をふることができなかった。注記しえなかった先行諸研究にたいし、非礼をお詫びするとともに、学恩に感謝する次第である。

最後になったが、本書の原稿をつくるまでには、吉川弘文館の上野純一氏からなみなみならぬお世話になった。記して心からお礼を申し上げる。

＊ 原題と所掲の書名はつぎのとおりである。「楠木正成の挙兵」（『戦乱の日本史』五、第一法規、一九八八年）。「青野原の合戦」（『ばさら大名のすべて』新人物往来社、一九九〇年）。「叛逆・諷刺の中世芸能」（『三省堂高校通信・日本史世界史』一九九二年三月号・六月号）。

一九九七年三月

新井孝重

著者紹介

一九五〇年、埼玉県に生まれる
一九七三年、早稲田大学第一文学部史学科（日本史）卒業
一九八三年、早稲田大学大学院文学研究科博士課程終了・満期退学
現在、獨協大学経済学部助教授

著　書

中世悪党の研究

歴史文化ライブラリー
17

悪党の世紀

一九九七年　六月　一日　第一刷発行

著　者　新《あら》井《い》孝《たか》重《しげ》

発行者　吉川圭三

発行所　株式会社　吉川弘文館
東京都文京区本郷七丁目二番八号
郵便番号一一三
電話〇三―三八一三―九一五一〈代表〉
振替口座〇〇一〇〇―五―二四四

印刷＝平文社　製本＝ナショナル製本
装幀＝山崎　登（日本デザインセンター）

歴史文化ライブラリー

1996.10

刊行のことば

現今の日本および国際社会は、さまざまな面で大変動の時代を迎えておりますが、近づきつつある二十一世紀は人類史の到達点として、物質的な繁栄のみならず文化や自然・社会環境を謳歌できる平和な社会でなければなりません。しかしながら高度成長・技術革新にともなう急激な変貌は「自己本位な刹那主義」の風潮を生みだし、先人が築いてきた歴史や文化に学ぶ余裕もなく、いまだ明るい人類の将来が展望できていないようにも見えます。このような状況を踏まえ、よりよい二十一世紀社会を築くために、人類誕生から現在に至る「人類の遺産・教訓」としてのあらゆる分野の歴史と文化を「歴史文化ライブラリー」として刊行することといたしました。

小社は、安政四年（一八五七）の創業以来、一貫して歴史学を中心とした専門出版社として書籍を刊行しつづけてまいりました。その経験を生かし、学問成果にもとづいた本叢書を刊行し社会的要請に応えて行きたいと考えております。

現代は、マスメディアが発達した高度情報化社会といわれますが、私どもはあくまでも活字を主体とした出版こそ、ものの本質を考える基礎と信じ、本叢書をとおして社会に訴えてまいりたいと思います。これから生まれでる一冊一冊が、それぞれの読者を知的冒険の旅へと誘い、希望に満ちた人類の未来を構築する糧となれば幸いです。

吉川弘文館

〈オンデマンド版〉
悪党の世紀

On Demand
歴史文化ライブラリー
17

2017年（平成29）10月1日　発行

著　者　新《あら》井《い》孝《たか》重《しげ》
発行者　吉川道郎
発行所　株式会社　吉川弘文館
〒113-0033　東京都文京区本郷7丁目2番8号
TEL　03-3813-9151〈代表〉
URL　http://www.yoshikawa-k.co.jp/

印刷・製本　大日本印刷株式会社
装　幀　清水良洋・宮崎萌美

新井孝重（1950～）

ISBN978-4-642-75417-0